1

Astrologischer

Beziehungsratgeber

Norbert Giesow

Bibliografische Informationen Der Deutschen Bibliothek: Die Deutsche Bibliothek verzeichnet diese Publikation in der deutschen Nationalbibliografie; detaillierte bibliografische Daten sind im Internet über http://dnb.ddb.de abrufbar.

©2008 - Norbert Giesow

Herstellung und Verlag: Books on Demand GmbH, Norderstedt

Umschlag-Gestaltung: Martin Giesow

ISBN 978-3-8370-7672-1

Inhalt

5

6

Vorwort

Unsere Welt ist schnell und hektisch geworden. Wir werden regelrecht überschwemmt mit Informationen. Das gilt auch für den so genannten Markt für Ratgeber. Viele gutmeinende Autoren wissen, wie wir unser Leben ausrichten sollten, was wir uns wünschen sollten, was wir essen sollten und wie wir unsere Beziehungen führen sollten.

Da macht auch die Astrologie keine Ausnahme. Auch hier können wir beobachten, dass die Auswahl an Ratgebern zunimmt. Ob es um den Mond und den damit verbunden besten Zeitpunkt geht zum Frisör zu gehen oder seine Pflanzen zu giessen oder darum, welche Zeichen mit welchen sich gut verstehen, wir finden zu jedem Thema etwas.

Dieser kleine Beziehungsratgeber möchte auf kurze und prägnante, aber auch versierte Art und Weise die zwölf Typen des Tierkreises miteinander in Beziehung setzen. Dadurch wird es möglich, uns selber etwas besser kennen zu lernen und außerdem ein Gefühl dafür zu bekommen, wie wir mit anderen Zeichen zusammen passen. Wenn das gelingt, hat dieses Buch seinen Sinn erfüllt.

Das Sonnenzeichen

Es gibt die Astrologie und es gibt etwas, was viele Menschen für die Astrologie halten. Astrologie versucht schon der Abstammung ihres Namens nach den in den Sternen verborgenen Sinn ausfindig zu machen. Astrologie ist wie eine große himmlische oder kosmische Uhr, die uns „unsere" Zeit anzeigt.

Es gibt viele verschiedene Richtungen in der Astrologie. In der von mir vertretenen Form wird der Tierkreis mit den zwölf Tierkreiszeichen als Basis benutzt. Der Tierkreis ist der Hintergrund für die zyklischen Bewegungen der Planeten und Körper in unserem Sonnensystem. Diese Planeten in ihren Stellungen in den Zeichen, in den so genannten Häusern und ihren Beziehungen zueinander (Aspekte) bilden die Grundlage der Deutung der Geburtsbilder (Horoskope).

In der Astrologie interpretieren wir die Dinge so, wie wir sie erleben. So beobachten wir, dass die Sonne auf- und untergeht und wie sich ihre Position am Himmel mit den Jahreszeiten verändert, auch wenn wir wissen, dass es eigentlich die Erde ist, die sich bewegt.

Diese scheinbare Bewegung der Sonne wird auch Ekliptik genannt. In ihrem Jahreslauf durch den Tierkreis (Ekliptik) durchläuft die Sonne alle dreißig Tage eines der zwölf Tierkreiszeichen. Dieses Zeichen bildet für viele Menschen „ihr Sternzeichen". Wer also von sich behauptet als Löwe geboren worden zu sein, sagt damit nichts anderes als dass er in dem Monat geboren wurde, als die Sonne sich durch das Zeichen Löwe bewegt hat (in der Regel zwischen dem 23. Juli und dem 22. August).

Die Sonnenposition ist tatsächlich auch im individuellen Horoskop sehr wichtig, auch wenn dort alle weiteren Planeten wie Merkur, Mars, Venus und natürlich der Mond mit herangezogen werden.

In den meisten astrologischen Beziehungsratgebern werden nun tatsächlich die Positionen der Sonnenstellungen miteinander verglichen (also wie passt Löwe zu Stier etc.).

Ich möchte hier etwas ähnliches anbieten. Auch ich werde die zwölf Zeichen des Tierkreises miteinander in Beziehung setzen und selbstverständlich können wir dann unsere „Sonne" (also unser Zeichen) dort ein-setzen, aber diese Schrift geht darüber hinaus, indem sie den Archetyp beschreibt. Wenn ich also Löwe und Stier in Beziehung zueinander setze, dann können sie das weiter fassen und beispielsweise auch den Mond im Löwen mit dem Mars im Stier vergleichen.

Inter- und intrapsychische Verhältnisse

Wenn ich im Folgenden alle zwölf Zeichen des Tierkreises in ihrem Verhältnis zu allen zwölf Zeichen schildere, dann sollten sie im Kopf behalten, dass damit ein Typus beschrieben wird. Dieser Typus kann und wird sich in der Begegnung zweier Menschen zeigen. Sie können aber auch noch weiter denken. Denn die Verhältnisse lassen sich sowohl im Vergleich zweier Horoskope (inter), als auch innerhalb eines Horoskops (intra) anwenden.

Wie ich bereits geschildert habe, ist der Vergleich der Sonnen in den Zeichen am gebräuchlichsten. Wie kommt beispielsweise die Sonne im Stier mit der Sonne im Löwen aus? Aus der Ordnung des Tierkreis heraus gesehen macht es allerdings einen Unterschied, ob wir die Sonne im Stier mit der im Löwen oder die im Löwen mit der Sonne im Stier vergleichen. Der jeweilige Blickwinkel ist ein anderer.

Wir können uns auch fragen, wie z.B. der Mond der Frau mit der Sonne des Mannes auskommt, oder wie kompatibel sind der Mars des Mannes und die Venus der Frau. Der Merkur von meinem Chef steht im Wassermann, meiner in der Jungfrau. Passt das zusammen?

Aber auch in unserem eigenen Horoskop können wir die Positionen der einzelnen Planeten miteinander vergleichen. Wie passen die Stellungen der Sonne zum Mond, wie der Merkur zum Jupiter usw..

In unserer nun folgender Beschreibung der Verhältnisse im Tierkreis beginn ich mit den Zeichen, die sich gegenüber liegen. Danach schaue ich mir an, wie eigentlich die Zeichen im Vergleich mit sich selber klar kommen, also Krebs mit Krebs und Löwe mit Löwe und schließlich wende ich mich den einzelnen zwölf Zeichen zu und untersuchen ihre Beziehung zu den verbleibenden zehn anderen Zeichen.

Zeichen, die sich gegenüber stehen

Immer zwei Zeichen liegen sich im Tierkreis gegenüber. Wenn wir von einem Zeichen ausgehen, dann ist das Oppositionszeichen immer die erste Beziehung, Spiegel und Ergänzung. Wenn wir unsere Aufmerksamkeit auf das Oppositionszeichen zu unserem Sonnenzeichen richten, dann zeigt uns dieses den Schatten und mögliche Herausforderungen. Mit der Integration des Oppositionszeichens kommen wir der Ganzheit näher, weil wir den Teil integrieren, der am weitesten von uns entfernt ist.

Die sechs Paare sind:

Widder - Waage

Stier - Skorpion

Zwillinge - Schütze

Krebs - Steinbock

Löwe - Wassermann

Jungfrau - Fische

Anmerkung und Diskurs zu der Psychologie der sich gegenüberliegenden Zeichen

Wie wir aus der psychologischen Astrologie wissen, entwickeln wir uns durch die Integration unseres Oppositionszeichens. Da das Oppositionszeichen unseren Schatten symbolisiert, wachsen wir durch dessen Bewusstwerdung. Erst diese macht es möglich, dass wir die verdrängten Anteile (Schatten) wieder integrieren und damit der Ganzheit näher kommen.

Häufig habe ich beobachtet, dass Menschen Eigenschaften zeigen, die ich eher dem Zeichen zuordnen würde, welches ihrem Sonnenzeichen gegenüber liegt. Wenn diese Eigenschaften zu stark in ihnen werden, fallen sie damit aus der Qualität ihres eigenen Zeichens hinaus und können sogar krank werden.

Es muss ganz genau unterschieden werden, inwieweit sich jemand im Integrationsprozess befindet und sich mit seinem Oppositionszeichen beschäftigt oder ob er aus seinem Zeichen in das ihm gegenüberliegende flieht.

Im Folgenden werden wir alle sechs Paare der sich gegenüberliegenden Zeichen besprechen.

Widder – Waage

Widder und Waage bilden das erste Oppositionspaar. Beide haben mit anderen Menschen zu tun und bestimmen gern über die Richtung, die ihr Leben und die ihre Aktivitäten nehmen soll. Der Widder versucht mit allen Mitteln selber zu bestimmen, während die Waage sich eher bemüht die Situation zu ihren Gunsten zu beeinflussen. Im Zweifelsfall sucht der Widder die Aktion (Angriff) und die Waage das Gespräch.

Für den Widder ist die Waage sein Spiegelzeichen. Dem Widder geht es auch in seinen Beziehungen oft darum, sich durchzusetzen. Dabei wird er normalerweise auch nicht sehr viel Rücksicht nehmen, sondern er wird zusehen, dass seine Interessen im Vordergrund stehen.

Aber wir sollten nicht vergessen, dass auch die Waage ein kardinales Zeichen ist. Die Waage ist von daher darauf geeicht, Dinge in Gang zu setzen und initiativ zu sein. Doch der Weg dieses umzusetzen ist ein grundsätzlich anderer als beim Widder. Die Waage versucht eher auf die Menschen und damit auf die Umstände einzuwirken. Nicht umsonst wird ihr die Fähigkeit zur Diplomatie zugesprochen. Diese nutzt und benutzt die Waage und es sieht dann so aus, als hätte sie im Sinn aller behandelt und doch hat auch sie ihre eigenen Interessen verfolgt.

So gesehen können sich Waage und Widder streiten, obwohl sie doch das Gleiche wollen. Und obwohl Waagen ihre Aufmerksamkeit auf das Du richten, können sie sehr egoistisch sein.

Was ist nun, wenn wir beide Einflüsse in unserem Horoskop vorfinden. Wir haben beispielsweise die Sonne im Widder und den Aszendenten oder den Mond in der Waage. Oder unsere Sonne steht im Widder und außerdem im siebten Haus (dem Waagehaus).
In diesen Fällen mischen sich die Eigenschaften und

Energien dieser Zeichen miteinander, so wie unser gesamtes Horoskop und auch wir selber eine Mischung von unterschiedlichen Energien sind.

Im Fall der Betonung von Widder und Waage im Horoskop kommt es sehr darauf an, welche Faktoren wie betont sind. Mit dem Mond im Widder und der Sonne in der Waage beispielsweise handeln wir diplomatisch, sind deswegen aber vielleicht verstimmt, weil es uns gefühlsmäßig nicht schnell genug geht.
Mit der Sonne im Widder und dem Mond in der Waage handeln wir entschlossen, leiden aber eventuell unter unser eigenen kompromisslosen Art.
So unterschiedlich kann das sein. Die Lösung liegt dabei immer im „Sowohl-als-auch" anstatt im „Entweder-oder".

Stier – Skorpion

Skorpion und Stier sind das zweite Oppositionspaar. Widder/Waage haben einige Themen und Konflikte in den Tierkreis eingeführt. Diese werden in den festen Zeichen Stier und Skorpion vertieft und umgesetzt. Nur die Art der Umsetzung ist bei Stier und Skorpion gegensätzlich.

Beide Zeichen haben mit Werten zu tun, dem Skorpion geht es mehr um innere Werte, um Macht und Beherrschung, während der Stier gerne die äußeren Güter kontrolliert. Wenn sich beide dabei nicht in die Quere kommen, kann diese Verbindung sogar funktionieren.

Mit seinem Oppositionszeichen Stier kommt der Skorpion ganz gut zurecht. Auch wenn der Stier aus Sicht des Skorpion zu sehr an äußeren Dingen hängt und zu bequem ist. Manche Skorpione können sehr asketisch leben, während der Stier bekannt ist für seine Sinnlichkeit.

Sexualität und Sinnlichkeit sind weitere Themen dieser Achse. Auch wenn wir die Lust und den Spaß an der Sexualität dem Löwen zuordnen würden, haben doch auch Stier/Skorpion damit zu tun. Dem Skorpion geht es um die inneren Empfindungen und der Stier liebt die Sinneseindrücke. Für den Skorpion hat Sexualität auch mit Macht zu tun, während diese für den Stier mehr in den Bereich des Genießens gehört.

Der Skorpion will der äußeren Welt seinen Willen aufzwingen. Dabei kann der unentwickelte Skorpion rücksichtslos sein und Menschen manipulieren, um zu bekommen, was er will. Dem Stier geht es darum die äußere Welt, insbesondere die Natur zu hegen und zu pflegen, um größtmöglichen Nutzen (Gewinn) daraus zu erhalten.

Früher oder später scheitert der Skorpion bei seinem Versuch seinen Willen durchzusetzen. Mehr oder weniger freiwillig erkennt er seine Grenzen und beginnt die innere Wandlung, die letztlich, wenn sie erfolgreich ist, in der Transformation endet.

Nur in der Hinwendung zum Gegenzeichen Skorpion kann es dem Stier gelingen, wirklich auch innerlich zu wachsen. Für ihn gilt es durch die Entwicklung der inneren Werte sein Bewusstsein zu erweitern.

Der Skorpion muss lernen aus seinem inneren Schneckenhaus herauszufinden und die äußere Welt anzunehmen. Wie er es anstellen kann in Harmonie mit seiner Umwelt zu leben kann er gut von seinem Gegenzeichen dem Stier lernen.

Zwillinge – Schütze

Das gemeinsame Thema der Achse Zwillinge/Schütze kann mit den folgenden Schlagworten umrissen werden: Wissenserwerb, Horizonterweiterung, Lernen und Lehren. Ganz wichtig ist beiden Zeichen der Zuwachs an Erkenntnis und die Kommunikation. Trotz aller Gegensätzlichkeit gibt es doch eine sehr ähnliche Ausrichtung.

Sicherlich sind beide Zeichen für ihre Neugier bekannt, sowie für ihre Neigung zur lebhaften Kommunikation.

Wenn wir uns den Unterschied in der Ausrichtung ansehen, stellen wir fest, dass der Zwilling Informationen sucht und der Schütze aus bestehenden Informationen einen Sinnzusammenhang erkennen will.

Der Zwilling sucht gerne. Das hat nichts damit zu tun, dass er z.B. die Unordnung liebt oder das Chaos. Der Zwilling folgt im Tierkreis auf den Stier. Damit ist die Grundausrichtung des Zwillings insbesondere am Anfang des Zeichens sogar auf Ordnung und Sicherheit hin ausgelegt, aber das reicht jetzt eben nicht mehr. Der Zwilling will mehr. So ist er auf der Suche nach weiterführenden Informationen. Es geht ihm nicht, wie den halben Tierkreis „später" dem Schützen um Sinnzusammenhänge, sondern um Unterscheidungsvermögen.

Unterscheidungsvermögen ist vielleicht die „höchste" und wichtigste Eigenschaft, die der Zwilling (und nicht nur dieser) erlangen kann.

Der Schütze verkörpert wie kein anderes Zeichen die Erwartungen an die Zukunft, was für ihn ja auch Sinn macht. So ist der Zwilling im Gegensatz zum Schützen mehr an der Gegenwart interessiert, was aber nichts daran ändert, dass viele Zwillinge häufig unkonzentriert und zerfahren wirken. Wir sehen also, dass es starke

Gegensätzlichkeit nicht nur zwischen den Zeichen von Zwillinge und Schütze gibt, sondern jeweils auch in den einzelnen Zeichen selber.

Für den Schützen sind die Zwillinge ein Quell an Informationen, auch wenn er viele dieser Informationen für nicht so wichtig hält. Der Schütze ist mehr am tieferen Sinn der Dinge interessiert. Für ihn sind die Informationen der Weg zum Ziel, aber nicht das Ziel selber. Diese Art von Synthese will und muss der Schütze in sich selbst vollziehen. Auch dies ist eine Ursache für die starke Selbstbezogenheit des Schützen.

Für den Zwilling gilt, dass ihm sein Gegenzeichen Schütze zeigen kann, wohin ihn sein Weg führen kann. Das ungeordnete Suchen nach einzelnen Informationen kann dadurch auch für ihn einen übergeordneten Sinn bekommen.

Zwilling und Schütze können recht gut miteinander auskommen. Im Grunde sind Zwillinge/Schütze als drittes von allen sechs Gegensatzpaaren dasjenige, welches am ehesten miteinander kompatibel ist.

Krebs – Steinbock

Der Steinbock ist der Spiegel des Krebs (und umgekehrt). Beide sind sich im Spiegel betrachtet schon wieder ähnlich. Das ist allerdings keine besondere Eigenschaft des Gegensatzpaares Krebs/Steinbock, sondern die Ähnlichkeit der Oppositions-Paare wird uns immer deutlicher, je genauer wir hinsehen. Die Zeichen der Gegensatzpaare sind im Tierkreis am weitesten voneinander entfernt. Damit ist die Möglichkeit voneinander zu lernen hier auch besonders groß.

Für den Krebs ist das Gegenzeichen Steinbock Maßstab der eigenen Entwicklung. Der Steinbock symbolisiert all das, was der Krebs nicht beherrscht. Der Steinbock ist in einer andauernden Überprüfung der äußeren und inneren Welt mit der Bemühung um Selbstüberwindung. Das ist die höchste Lebensform, die der Krebs erreichen kann, aber nicht unbedingt sollte, weil seine Aufgabe mehr in der subjektiven durch Gefühle bestimmten Wahrnehmung der Welt liegt.

Auch wenn sich die Zeichen an ihrem Oppositionszeichen orientieren, so sollten sie in ihrer Natur verbleiben, denn wir können in ein Krankheitsbild fallen, wenn wir uns zu weit und über unsere Grenzen hinweg von der Natur unseres Zeichens entfernen.

Damit sollte dem Zeichen Krebs auch in hoher persönlicher Transzendenz eine gewisse „Krebsigkeit" erhalten bleiben. Denn wer sind wir, wenn wir Gottes Spiel nicht mehr mitspielen würden, selbst wenn wir dieses durchschaut haben. Ist es doch so, dass erst mit der Entwicklung von Hingabe und Demut die Möglichkeit einer Transzendenz einsetzt.

Seinen Spiegel erkennt der Steinbock im Krebs. Dieser handelt und entscheidet aufgrund seiner inneren Verfassung, während der Steinbock seinen Gefühlen oft nicht traut.

Mit dieser Achse erleben wir auch den archetypischen Konflikt zwischen Familie (Krebs) und Berufung (Steinbock). Der Steinbock kann für die Bewältigung seiner Aufgabe seine persönlichen Gefühle und Bindungen zurückstellen. Der Krebs muss dagegen mit seinen persönlichen Gefühlen sein Heim und seine Familie schützen.

Nur aus einer starken Verwurzelung (Krebs) können die hoch gesteckten Ziele (Steinbock) erreicht werden. „Nur wer seine Wurzeln tief in der Erde hat, kann seine Krone in den Himmel strecken."

Löwe – Wassermann

Grundsätzlich geht es in dieser Achse des fünften Oppositionspaares um einen **Beitrag**. Beide Zeichen leisten auf ihre Weise ihren Beitrag. Im Löwen wird dieser vom Individuum erbracht. Es, also du oder wir sind es, die den Beitrag leisten. Die besondere Qualität des Zeichens Löwe macht es aus, dass es ihm Freude bereitet, Spaß macht oder sogar als Spiel empfunden wird, wenn es seinen Beitrag leistet.

Im Wassermann ist es die Gruppe, die den Beitrag erbringt. Es ist beispielsweise eine medizinische Forschungsgruppe, die ein neues Medikament oder eine neue Methode der Heilung entwickelt und nicht unbedingt ein einzelner Wissenschaftler. Natürlich setzt sich die Leistung der Gruppe aus den Beiträgen Einzelner zusammen, aber es ist das Gesamtergebnis, was zählt.

Natürlich haben wir manchmal Probleme damit, unser Ego in den Dienst der Gemeinschaft zu stellen. Wir fragen uns dann gerne, wo wir denn dabei bleiben? Genau damit ist der Grundkonflikt im Gegensatzpaar Löwe/Wassermann beschrieben.

Die Gruppe kann natürlich auch die Gesellschaft sein oder sogar die Menschheit an sich. Jedenfalls sind wir als Individuen (Löwe) diejenigen, die einen Beitrag leisten für die Gesellschaft (Wassermann). Je kreativer (Löwe) unser Beitrag ist, um so mehr profitiert die Gemeinschaft (Wassermann) davon.

Für den Löwen ist der Wassermann viel zu sehr auf andere bezogen, auch zeigt das Verhalten des Wassermanns unlogische und verwirrende Züge.

Für den Wassermann ist der Löwe zu selbstbezogen, zu uneinsichtig und viel zu sehr von den eigenen Gefühlen bestimmt.

Letztlich zählt nicht die Form des Beitrages, sondern die Umsetzung der Vision und die damit verbundene Erhöhung der beteiligten Kreativen.

Jungfrau – Fische

Die Achse Jungfrau/Fische hat viele Bedeutungen und viele Namen, am besten treffen es aber folgende Beschreibungen. Das sechste Oppositionspaar hat mit dem Bereich Gesundheit/Krankheit/Heilung zu tun, wir können hier also auch von der **Achse der Heilung** sprechen. Vor der Heilung kommt es fast immer zu einer Krise. Die Verbindung Jungfrau/Fische kann demnach auch als die Achse der Krisen bezeichnet werden.

Beide Zeichen haben ihre Eigenarten, sind im Zusammenleben aber so umgänglich, dass sie mit den meisten anderen Zeichen zurecht kommen. Da sowohl die Jungfrau wie auch die Fische viel mit sich selber zu tun haben, sind sie nicht so angelegt, dass sie ihren Partner allzu stark beeinflussen oder grundlegend verändern wollen. Das spricht dafür, dass es auch Jungfrau und Fische miteinander aushalten können.

Anmerkung: Wie immer können anders geartete Einflüsse aus dem Horoskop diese Aussagen verändern. Eine starke Betonung des Feuerelements kann einen an sich harmlosen Einfluss des Zeichens Jungfrau dogmatisieren und aktiver, fordernder und ich-bestimmter machen.

Der Jungfrau ist der Fisch zu unbestimmt, zu lasch, zu wenig auf seine Ordnung und Hygiene bedacht.

Dem Fisch ist die Jungfrau zu penibel, zu sauber, zu kritisch und zu sehr den eigenen Strukturen verhaftet.

Im Idealfall treffen sich beide Zeichen in einer Form der Synthese, die als Grundlage der Erleuchtung verstanden werden kann.

Das Verständnis zum gleichen Zeichen

Dieser kleine Ratgeber soll untersuchen, welche Eigenarten die zwölf Zeichen zeigen, wenn sie in Beziehungen zu anderen Zeichen treten. Obwohl wir damit nur Typen beschreiben können, ist es trotzdem interessant herauszufinden, welche Zeichen mit welchen anderen besonders gut harmonieren und welche nicht.

Einen besonderen Fall haben wir immer dann, wenn Beziehungen zum gleichen Zeichen entstehen, wenn also ein Krebs mit einem Krebs oder ein Stier mit einem Stier in eine Beziehung tritt. Es wäre denkbar, dass hier besondere Probleme entstehen oder ist es sogar so, dass diese Beziehungen besonders begünstigt sind? Beide Aussagen lassen sich nicht pauschal beantworten, sondern erfordern eine genauere Analyse.

Wenn zwei Menschen mit der Sonne im gleichen Zeichen geboren sind, dann werden sich die anderen Planeten natürlich nicht auch in den gleichen Zeichen befinden, es sei denn, beide Menschen wären am gleichen Tag geboren. Durch die jeweils unterschiedliche Verteilung der übrigen Planeten ergeben sich ganz andere Horoskope und damit auch verschiedene Charaktere. Nichtsdestotrotz haben diese einen wesentlichen Faktor ähnlich angelegt. Wir wenden uns nun den Beschreibungen der zwölf Paarungen zu.

Widder und Widder können sich ins Gehege kommen, da beide den Führungsanspruch haben, ein Problem, welches der Widder auch mit dem Löwen oder mit dem Steinbock haben kann. Es ist durchaus denkbar, dass zwei Menschen auf ihre eigene Art dominant sind. Es ist aber weniger denkbar, dass zwei Menschen gleichzeitig die Führung inne haben. In einer wie auch immer gearteten Verbindung von Widder zu Widder kann also nur einer der „Platzhirsch" sein und der andere muss sich entweder anpassen oder sich eine Nische suchen, in der er seinen Anspruch verwirklichen kann.

Stier und Stier kommen besser miteinander aus als Widder/Widder, da sie die Möglichkeit haben, sich gegenseitig ihre Bedürfnisse nach Sinnlichkeit, Sicherheit und Ordnung erfüllen können. In einer reinen Stier-Beziehung fehlt allerdings die Aktivität und der Impuls zur Veränderung. Wie bei allen Paarungen zwischen gleichen Zeichen haben wir hier das Problem der Einseitigkeit und damit der Langweile und der möglicherweise reduzierten Möglichkeiten, Lernerfahrungen durch Andersartigkeit zu machen.

Zwillinge und Zwillinge passen schon von daher gut zusammen, weil sich die Zwillinge prinzipiell jedem anpassen können. Vielleicht bearbeiten sie den anderen aber auch so , dass sich dieser an sie anpasst. Da die Zwillinge ein bewegliches Zeichen sind, ist es in diesem Fall besonders wichtig, wie die anderen Planeten in den Horoskopen stehen. Wenn wir wissen, wo im besonderen jeweils der Merkur und der Mond stehen, können wir genauere Angaben über die Beziehung von Zwilling zu Zwilling machen.

Die beiden Menschen mit der Sonne in den Zwillingen haben im gemeinsamen Kontakt vielleicht ein wenig zu viel Theorie und zu wenig Praxis. In einer Beziehung, die stark auf Kommunikation ausgelegt ist, kann schon mal die Basis (der Boden, die Erde, das Fundament) fehlen oder verloren gehen.

Krebs und Krebs verkriechen sich gemeinsam oder ersticken einander. Gefühlsmuster treffen aufeinander und da beide bemuttern, versorgen, pflegen und sich kümmern wollen, muss entweder einer von beiden verzichten und sich umsorgen lassen oder sie müssen sich abwechseln. Bei so viel Gefühl kann das Bemühen um Geistesklarheit Wunder bewirken. Die geballte Krebs-Energie sollte sich auch um den Bezug zur Realität kümmern. Eine gemeinsame soziale Aufgabe könnte der Verbindung von Krebs zu Krebs sicherlich gut tun.

Löwe und Löwe müssen den Führungsanspruch klären. Bis dahin kommen sie sich sicher ins Gehege (siehe auch Widder/Widder). Beide wollen führen, wollen bestimmen, verlangen die Alpha Rolle für sich. Mit der Zeit wird einer von beiden sich durchsetzen. Es kann daher für weibliche Löwen eine gute Idee sein, sich scheinbar dem Mann unterzuordnen, in Wahrheit aber doch die Fäden zu ziehen. Im Tierreich ist physisch gesehen der männliche Löwe stärker, jagen tun aber meist die weiblichen Löwen. In der Praxis kommt diese Verbindung durchaus häufiger vor und funktioniert recht gut.

Jungfrau und Jungfrau haben mit der Verbindung von Krebs zu Krebs gemein, dass ihnen und ihrer Beziehung eine gemeinsame soziale Aufgabe gut tut würde. Jungfrauen haben viel mit sich selber zu tun, von daher können sich zwei Jungfrauen vielleicht auch mal in Ruhe lassen und die Beziehung funktioniert dann (oder plätschert so vor sich hin..). Die besten Möglichkeiten hat die Verbindung von Jungfrau zu Jungfrau in der Arbeit oder in der Forschung. Allerdings geht es da auch nicht primär um Liebe und genau das kann das Problem dieser Paarung sein.

Fast wie ein Negativ zur Löwe/Löwe Paarung hat in der Jungfrau/Jungfrau Verbindung keiner den Drang, die Führung zu übernehmen. Einer muss die Rolle im Außen aber annehmen und ausfüllen.

Waage und Waage

Die Waage ist das Zeichen der Diplomatie. Diese Eigenschaft befähigt die Waage grundsätzlich mit allen Zeichen auskommen zu können. Dazu gehört natürlich auch ihr eigenes Zeichen. Wir dürfen allerdings nicht vergessen, dass die Waage ein kardinales Zeichen ist und von daher gern die Richtung vorgibt. Und da in einer Beziehung nur einer die Richtung vorgeben kann, kann es zu Konflikten kommen. Da die Waage eher konfliktscheu ist und die Harmonie liebt, können auch daraus Probleme erwachsen.

Ähnlich wie bei Zwillinge/Zwillinge kann die Beziehung sehr kopflastig und kommunikativ betont (überbetont) sein. In der Verbindung der Waage zur Waage fehlt die Erdbetonung. Vieles läuft Gefahr, nur Theorie oder Idee zu bleiben und nicht umgesetzt zu werden.

Die unterschiedlichen Betonungen der Horoskope zweier Waagen bietet beiden allerdings auch genügend Möglichkeiten zur Begegnung außerhalb ihrer Beziehung.

Skorpion und Skorpion

In alten Mad Comic Heften gab es eine Rubrik „Spion und Spion". Das ist ein wunderbares Bild für die Begegnung zweier Skorpione sein. Wie in diesem Beispiel können wir bei den Skorpionen untereinander auch an

Geheimdienste und Versteck spielen denken.

In der Beziehung eines Skorpions zu einem Skorpion ist von tiefer gegenseitiger Leidenschaft bis hin zu heftigen Machtkämpfen alles denkbar. Die Skorpione müssen aufpassen, dass sie sich nicht gegenseitig runterziehen. Auch für einen Skorpion kann es schwer sein, mit einem Skorpion zusammen zu sein, aber wenn das einer schaffen kann, dann ist das der Skorpion!

Schütze und Schütze

Feuer und Luft als Elemente harmonieren grundsätzlich miteinander. Allerdings passen zwei gleiche Feuerzeichen nicht so gut zusammen wie zwei Luftzeichen. Zu dominant kann das Feuerzeichen in Beziehungen sein. Wie schon seine Partner aus den Feuerzeichen Widder und Löwe will auch der Schütze führen, bestimmen und die Richtung in der Beziehung angeben. Da kann schnell der Partner auf der Strecke bleiben. In zunehmenden Alter kann aber ein erkenntnisfähiger Schütze sein Gegenzeichen Zwillinge soweit integrieren, dass er mit nahezu jedem Zeichen zurecht kommen kann, auch mit einem anderen Schützen.

Kurzfristig funktioniert eine Schütze/Schütze Verbindung sogar sehr gut, da die typische Begeisterung des Schützen ihn über alle Anfangsschwierigkeiten hinweg trägt.

Steinbock und Steinbock

Wenn wir in der Natur schon einmal zwei Hirsche oder zwei Böcke gesehen haben, die ihre Hörner und Geweihe aneinander gewetzt haben, dann können wir uns die Beziehungen zwischen den Gehörnten unter den Tierkreiszeichen bildhaft vorstellen. Die möglichen Paare mit den Gehörnten unter den Zeichen sind: Widder/Widder, Widder/Stier, Widder/Steinbock, Stier/Widder, Stier/Stier, Stier/Steinbock, Steinbock/Widder, Steinbock/Stier und Steinbock/Steinbock.

In einer reinen Steinbock zu Steinbock Verbindung kann es zu Machtkämpfen und Kompetenzrangeleien kommen. Beide wollen die Richtlinien der Beziehung bestimmen und einer muss dann zurückstecken. Das ist etwas, was der Steinbock gar nicht gerne tut. Der reinen Steinbock Verbindung fehlt das Gefühl und die Begeisterung, zu trocken und rational kann eine solche Verbindung sein.

Wassermann und Wassermann

Wassermänner haben oft das Problem, dass sie sich nicht wirklich auf den anderen Menschen einzulassen können. Von daher könnte eine Verbindung zweier Wassermänner unpersönlich bleiben oder mehr wie eine

Freundschaft sein.

Wassermänner haben ein starkes Bedürfnis nach Freiraum. Somit sollte es in einer reinen Wassermann Beziehung kein Problem darstellen, dem Partner genügend Freiraum zu gewähren.

Wie in den beiden anderen reinen Luft-Paarungen Zwillinge/Zwillinge und Waage/Waage kann es auch in der Verbindung von Wassermann zu Wassermann zu einer Überbetonung der Kommunikation, des Intellekts kommen.

Fische und Fische

Der Fisch kann sich in jedes andere Zeichen einfühlen. Er kann erscheinen wie jedes andere Zeichen und sogar dessen Charaktereigenschaften annehmen. Der Fisch wirkt dann so wie ein Löwe, ein Stier oder eine Waage. Damit ist es schwer vorauszusehen, wie eine reine Verbindung zwischen zwei Fischen konkret aussehen wird.

Wichtig ist es für die Fische in der Beziehung Echtheit zu wagen, seine Gefühle zu zeigen und sich einzulassen. Da der Fisch in seinen Beziehungen Halt sucht, ist es die Frage, ob er diesen bei einem anderen Fisch bekommen kann.

Die anderen Kombinationen der zwölf Tierkreiszeichen

In den nun folgenden Beschreibungen der einzelnen Tierkreiszeichen geht es um den Archetyp, also um einen angenommenen Idealtypus, der das jeweilige Zeichen besonders deutlich und anschaulich zum Ausdruck bringt. Ich bin mir dabei bewusst, dass dieser Idealtyp in der Natur so nicht vorkommt.

Es ist klar, dass neben den Zeichen, in denen unsere Sonne, unser Mond oder der Aszendent steht, auch andere Zeichen für uns wichtig sein können. Letztlich haben wir mit allen zwölf Tierkreiszeichen zu tun. Andererseits hat unser Sonnen-Zeichen schon etwas sehr Typisches für uns und so kann auch eine gewisse Selbsterkenntnis aus der Beschreibung der Tierkreiszeichen kommen.

Ich werde mit dem Widder beginnen und alle möglichen und bisher nicht besprochenen Verbindungen beschreiben. Danach kommt der Stier bis zum Ende die Fische an der Reihe sind.

Widder

Der Widder allgemein

Der Widder ist treu, er hängt an seinem Partner. Das ändert nichts daran, dass der Widder aktiv ist und sich seine Herausforderungen sucht. Auch seinen Partner konfrontiert er unter Umständen gern.

Sollten wir die Konfrontationsbereitschaft des Widders in seinen Beziehungen als geringes Interesse am Partner sehen, dann verstehen wir den Widder nicht. Denn der Widder ist aktiv und er bestimmt auch gern, aber er hängt schon fast hündisch an seinem Partner. Das kann ihm positiv gesehen Beständigkeit verleihen, kann ihn aber auch daran hindern, seinen Zielen wirklich konsequent nachzugehen. Gerade der Widder braucht hier manchmal einen guten Ratgeber (siehe Waage als Gegenzeichen), der ihm seine Situation erläutert.

Daneben braucht der Widder auch Abwechslung in seinen Beziehungen. Das sollten alle diejenigen wissen, die Betonungen in Zeichen haben, die keine Veränderungen lieben. Da der Widder an seinem Partner hängt, wird er Veränderungen aktiv in die Beziehungen tragen. Da kann dann der Wunsch nach Bewegung auf den Wunsch auf unveränderten Verhältnissen aufeinander prallen. Ohnehin liebt es der Widder, sich zu konfrontieren. Auseinandersetzungen, Reibung, kleinere Streitereien gehören für ihn zu einer Beziehung dazu.

Was er lange Zeit nicht weiß, ist, dass dies nicht für alle so ist. Seine Vorlieben sind für ihn das Maß aller Dinge. Mühsam, langwierig und oft schmerzhaft lernt er in Beziehungen, dass andere anders sind als er.

Der Widder und die anderen

Der **Stier** ist ihm als im Tierkreis direkt folgendes Zeichen fremd, sein stures Beharren auf dem was ist, ist dem Widder verdächtig. Auch in ihrer Geschwindigkeit, mit der sie das Leben angehen, sind beide Zeichen sehr unterschiedlich. Der Widder macht alles schnell und begeht auch deswegen manchen Fehler, probiert aber vieles aus. Der Stier geht sehr langsam und bedächtig vor, macht daher wenige Fehler, erfährt aber auch weniger Neues. Was also dem einen (Stier) zu schnell ist, ist dem anderen (Widder) zu langsam. Im Gegensatz zum Widder ist dem Stier Sicherheit sehr wichtig und er wird sich bemühen, seine Mittel zusammenzuhalten. Das kann der Widder schon recht eng und lebensfeindlich finden.

Der **Zwilling** teilt mit dem Widder dessen Freude an der Bewegung, egal ob diese körperlich oder geistig ist, sowie das Interesse an Neuem. Der Zwilling ist dem Widder vielleicht nicht konsequent genug, wenn es um Durchsetzung oder ums Handeln geht. Auch ist dem Widder die zerstreute und zerstreuende Art des Zwillings nicht geheurer. Der Zwilling kann die oft unüberlegte Aktivität des Widders häufig nicht nachvollziehen. Am besten sind beide dann miteinander kompatibel, wenn es um gemeinsame Aktivitäten geht.

Die nach außen wenig offene Art des **Krebs** liegt dem Widder nicht. Konsequent in ihrer Art sind dagegen beide. Der Widder wird sich wohl nicht vom Krebs einnehmen lassen, zumindest nicht für lange. Der Krebs bindet seinen Partner mit ein in seine Verantwortlichkeiten, die sich ums Haus und um die Familie drehen. Der Widder lässt sich nicht gerne einspannen. Spannungen sind hier im wahrsten Sinne des Wortes vorprogrammiert. Auch deswegen, weil der Widder in der Regel nicht so häuslich ist, wie es der Krebs gerne hätte.

Der **Löwe** kennt ebenso wie der Widder den Tatendrang, zumindest ab und zu. Genau so gern kultiviert der Löwe das Prinzip des Genießens. Dieses wiederum ist dem Widder zu passiv. In Beziehungen können sich Auseinandersetzungen um die jeweilige Dominanz ergeben. Es geht dabei natürlich um die Führungsrolle. Wer bestimmt die Richtung? Nur einer von beiden kann die

Führung übernehmen und was passiert dann mit dem Unterlegenden.

Der Löwe als festes Zeichen hat in seinen Aktionen auch immer etwas Bewahrendes, während der Widder seinerseits die mögliche Zerstörung in Kauf nimmt. Auch hier kann es zu starken Spannungen kommen.

Mit der **Jungfrau** teilt der Widder den Sinn für das Machbare, nur dass der Widder Dinge auch dann probiert, wenn sie nach logischem Ermessen nicht machbar sind. Ansonsten sind die Temperamente von Jungfrau und Widder eher sehr unterschiedlich. Der Widder ist weder besonders ordentlich, noch besonders sauber, noch hält er sich gern an feststehende Tagespläne. Er ist mehr für die spontane Aktion. Auch in dieser Verbindung können beide Zeichen viel voneinander lernen. Dem Widder tut ein wenig überlegte Planung sehr gut und die Jungfrau kann sich vom Widder ein wenig mehr Spontanität abschauen.

Die **Waage** ist das Oppositionszeichen zum Widder (siehe dort).

Mit dem **Skorpion** verbindet den Widder mehr als er vermutet. Beide haben das Interesse am Instinktiven und beide haben einen starken Trieb, der sich allerdings sehr unterschiedlich äußert. Das zeigt sich auch darin, dass Widder und Skorpion den gleichen Herrscher Mars haben (Alt-Herrscher beim Skorpion).

Der Skorpion agiert lieber verdeckt, während der Widder offen handelt. Der Widder ist ehrlich und der Skorpion manipuliert. Aber der Widder bietet dem Skorpion die Stirn, was wiederum der Skorpion zwar unangenehm, aber interessant findet.

Schütze und Widder wollen beide viel und haben beide einen starken Willen. Wenn sich dieser auf das jeweils gleiche Objekt richtet, kann es zu Auseinandersetzungen und Revierkämpfen kommen.

Der Schütze hat im Gegensatz zum Widder den Drang, sich und seine Handlungen zu erklären, während beim Widder dessen Handlungen für sich stehen.

Da beide Zeichen zum Element Feuer gehören, können sie gut gemeinsam agieren, wenn sie gleiche oder ähnliche Interessen haben. Besonders gut funktioniert dies bei gemeinsamen Aktionen, in denen es um Bewegung geht, wie z.B. beim Tanzen.

Der Schütze ist mehr auf die Zukunft, der Widder mehr auf die Gegenwart ausgerichtet.

Der **Steinbock** plant genau, um dann effizient zu handeln. Der Widder handelt lieber spontan. Beide bestimmen gern und sind häufig Anführer in ihren Bezugsgruppen. Beide können gemeinsam sehr viel erreichen, wenn sie aufeinander zugehen.

Dem Widder tut ein Überlegen vor dem Handeln, also ein überlegtes Handeln und ein wenig mehr Disziplin gut. Er wird damit mehr erreichen können und seinen Zielen schneller näher kommen, auch wenn der Widder denkt, das die Umsetzung der Vorschläge des Steinbock zu zeitaufwendig ist. Der Steinbock übrigens profitiert von ein wenig mehr Spontanität und schnellerem Handeln, zu dem ihn der Widder immer wieder animiert.

Mit dem **Wassermann** verbindet den Widder der Idealismus. Der Widder handelt lieber allein oder bestimmt zumindest die Richtung, während der Wassermann die Gruppe mit einbezieht. Dabei ist der Wassermann sogar der größere Individualist. Dem Widder ist die Art und Weise wie der Wassermann funktioniert zu kompliziert und er hat auch nicht immer Lust, sich dort hineinzudenken. So kann es auch zu einen Nebeneinanderher kommen, obwohl beide Zeichen an und für sich gut harmonieren können.

Die **Fische** sind dem Widder als das vorherige Zeichen (im Tierkreis) gut bekannt. Je nach individueller Anlage und besonders zu Anfang des Zeichens ist dem Widder häufig noch eine Fische-Betonung anzumerken. Ansonsten sind beide Zeichen recht unterschiedlich. Der

Fisch ist passiv, der Widder aktiv. Der Fisch träumt, der Widder handelt.

Der Fisch ist manchmal kaum interessiert an der ihn umgebenden Wirklichkeit, er hat seine eigene Realität und wenn beide nicht übereinstimmen, dann eben nicht. Die Gleichgültigkeit der Fische kann der Widder nicht verstehen, weil der Widder sich seine Wirklichkeit selber erschafft. Manchmal scheitern die Widder natürlich auch an der Realität („das mit dem Kopf gegen die Wand Symptom"), dann kann die Hingabe der Fische eine Alternative sein. In ihren positiven Eigenschaften können Widder und Fische gut zusammen wirken.

Fazit:

Der Widder kann sehr viel aus Beziehungen profitieren, wenn er sich darauf einlässt. Sein oft übersteigertes Ego-Empfinden erhält dadurch wirksame Dämpfer und er wird besonnener. Bei kluger Partnerwahl hat der Widder einen Ratgeber, der es ihm ermöglicht, noch mehr aus seinen Fähigkeiten zu machen. Oder er findet einen Partner, der es schafft, dass der Widder auch genießt, was er schafft.

Stier

Der Stier allgemein

Für den Stier ist Sicherheit sehr wichtig. Nur wenn er sich wirklich sicher fühlt, kann er sich entspannen und geniessen. Eine der besonderen Fähigkeiten des Stier ist sein Vermögen den Genuss zu leben. Davon profitieren auch die Menschen in seiner nahen Umgebung. Die Fähigkeit sinnliche Erfahrungen genießen zu können, macht den Stier als Partner sehr beliebt. Menschen mit verletzten Gefühlen, ungesunder Lebensweise und verdorbener Sexualität können Heilung im Umgang mit dem Stier erfahren.

Aber wie immer im Leben hat alles seinen Preis und die besteht beim Stier eben in seinem zum Teil wirklich überzogenen Bedürfnis nach Sicherheit und Kontrolle. Er möchte gern sein Leben und auch seine Beziehungen und damit seinen Partner kontrollieren. Er bietet dafür neben dem oben Gesagtem Treue, Beständigkeit und ein hohes Maß an Sinnlichkeit. Für den Stier ist es lebenswichtig, seine Sinnlichkeit, seine Sexualität und überhaupt seine Körperlichkeit mit seinem Partner zu leben.

Sein Problem ist es, dass er seine Welt vereinnahmen möchte. Nur dann kann er sich wirklich sicher fühlen. Und so geht der Stier auch mit seinen Beziehungen und seinen Partnern um, er vereinnahmt diese. Dieses Verhalten können nur bestimmte Menschen ertragen. Alle Zeichen, die mehr auf Wagnis und Veränderung eingestellt sind, fühlen sich davon schnell begrenzt. So kann der Stier idealerweise im Austausch mit anderen lernen, sein Bedürfnis nach Sicherheit so einzustellen, dass er dort Sicherheit vermittelt, wo sie gebraucht und gewünscht ist und sie dort vermindert, wo sie Aktionen oder der freien Radius anderer Zeichen behindert.

Der Stier und die anderen

Die Impulsivität des **Widders** stört das Ruhebedürfnis des Stiers, außerdem hat der Widder die Tendenz alles unordentlich zu hinterlassen. Der Widder ist für den Stier eine ständige Herausforderung, da dieser alles in Frage stellt, was für den Stier elementar wichtig ist. Der Widder als Abenteurer hat mit Sicherheit wenig am Hut, auch Ordnung und Struktur sind nicht seine Sache. Natürlich können beide Zeichen voneinander lernen, aber wollen sie das? Im besten Fall kann der Stier dem Widder ein Gefühl für Sicherheit vermitteln und der Widder den Stier in Schwung bringen.

Ähnlich dem Widder ist auch dem Stier der **Zwilling** zu unruhig und zu oberflächlich. Das Fliehen aus der Körperlichkeit, aus der Sinnlichkeit in den Kopf, in das Denken und Reden, was den Zwillingen zu Eigen ist, das ist dem Stier recht fremd. Seine besonderen Fähigkeiten erwachsen dem Stier auch daraus, dass er sich auf eine Sache besinnt und diese besonders intensiv und ordentlich macht. Der Zwilling dagegen fängt alles an und führt wenig zu Ende. Ob diese unterschiedlichen Lebenskonzepte auf Dauer nebeneinander existieren können, hängt davon ab, ob sich der Stier mit dem, was er vom Zwilling bekommt, zufrieden gibt.

Krebs und Stier verstehen sich gut, können sich gemeinsamen den Themen wie Familie, Essen, Sicherung, Sammeln, Schmusen und Zuhause widmen. Sie kommen aber nur schwer aus ihrem Trott heraus. Es fehlt der Impuls zur Erneuerung. Diesen sollte der Krebs als kardinales Zeichen einbringen. An dieser Aufgabe kann der Krebs wachsen.
Starke Möglichkeiten der gegenseitigen Ergänzung liegen auch darin, dass der Krebs für die innere Ordnung und Sicherheit zuständig ist und der Stier dementsprechend für die äußere.

Mit dem **Löwen** hat der Stier so seine Probleme, denn der Löwe gibt gern das mit vollen Händen aus, was der

Stier eingenommen und verwahrt hat. Es kann zu ewigen Auseinandersetzungen um die gemeinsamen Mittel kommen. Bei dieser Paarung sollte auf Gütertrennung gesetzt werden.

Beide Zeichen sind allerdings kreativ und lieben Kunst und Musik. Hier lassen sich Gemeinsamkeiten finden. Der Löwe kann den Stier aktivieren und positiv gedacht dazu bewegen, selber kreativ zu sein. Der Stier wiederum kann dafür sorgen, dass der Löwe sorgsamer mit seinen Ressourcen umgeht.

Der Stier ist ordentlich, aber er nimmt sich auch die Zeit, um zu genießen. Die **Jungfrau** sorgt ähnlich wie der Stier gerne vor (Prinzip der Vorratshaltung), nimmt sich oft aber nicht die Zeit zum Genießen, da es immer noch so viel zu tun gibt. Hier kann die Jungfrau vom Stier lernen und profitieren. Der Stier wiederum lernt von der Jungfrau seine Mittel noch besser zu nutzen und hat daher dann auch mehr davon. Eine Verbindung, die also gut funktionieren kann. Stier und Jungfrau zeigen, wie Merkur (Jungfrau) und Venus (Stier) bestens zusammenwirken können. Die Jungfrau kann dem Stier zeigen, wie dieser seinen Verstand (Merkur) besser einsetzen und nutzen kann, um die eigenen Bedürfnisse zu erfüllen.

Die **Waage** ist dem Stier sicherlich zu sehr auf das Außen bezogen. Die vielen Kontakte, die von der Waage gepflegt werden, können den Stier nervös machen. Die beiden von der Venus beherrschten Zeichen sind da doch sehr unterschiedlich.

Der Stier ist sehr praktisch, die Waage mehr theoretisch orientiert. Der Stier ist auf das bezogen, was er anfassen kann, die Waage mehr auf Konzepte. Die Waage wird in einer Verbindung immer wieder auf den Stier zugehen müssen, um ein gemeinsames Verständnis möglich zu machen. Der Stier wiederum muss erkennen, dass die Verbindungen der Waage zu anderen Menschen nicht seine Sicherheit gefährden müssen.

Der **Skorpion** ist das Oppositionszeichen zum Stier (siehe dort).

Aus der inneren Struktur des Tierkreises heraus gesehen trennt ein Quinkunx (150 Grad) die Zeichen Stier und **Schütze** voneinander. Dieser Abstand (Quinkunx) weist auf eine starke Unterschiedlichkeit der betroffenen Zeichen hin. Daraus kann sich eine starke Wechselwirkung entwickeln. Diese Zeichen sind in ihrer Grundausrichtung sehr verschieden, der Stier ist auf Sicherung aus, der Schütze mehr auf Abenteuer. Der Stier lässt auch mal den Körper über den Geist bestimmen, der Schütze treibt den Körper mit seinem Geist an. In Beziehungen kann es zu starken Auseinandersetzungen kommen. Der Schütze lässt sich nicht in seiner Freiheit beschränken und ist immer auf eine Erweiterung des bestehenden Horizontes aus. Genau das kann den Stier zum Verzweifeln bringen.

Mit dem **Steinbock** verbindet den Stier vieles, nicht nur das gleiche Element Erde. Der Steinbock ist dem Stier zu gradlinig und zu wenig an Vergnügen durch Sinneseindrücke interessiert. Der Steinbock kann sich in seiner asketischen Lebensführung vom Stier abgelenkt fühlen. Die schon fast sprichwörtliche Sturheit beider Zeichen kann zu immensen Streitereien und zur jeweiligen Rechthaberei führen. Davon abgesehen kommen Stier und Steinbock aufgrund ihrer doch ähnlichen Mentalität gut miteinander aus. Der Steinbock kann dem Stier mehr Zielbewusstsein vermitteln.

Wassermann und Stier kann eine sehr schwierige Konstellation sein. Im Tierkreis trennt ein Quadrat die beiden Zeichen. Vom Stier aus gesehen ist der Wassermann ein abnehmendes Quadrat entfernt. Der Stier will kontrollieren, der Wassermann entzieht sich jeder Kontrolle. Der Stier bringt alles gern in eine Form, während der Wassermann die vorgegebene Form sprengt. Der Wassermann geht schon aus Prinzip in Opposition, eine Verhaltensweise, die der Stier überhaupt nicht versteht. Schon die Ausrichtung der beiden Zeichen ist entgegengesetzt. Der Stier bezieht sich auf die Erde unter ihm, der Wassermann geht in die Luft. So kommen beide nur schwer zusammen. Im idealen Fall kann der Stier dem Wassermann Stabilität und der Wassermann dem Stier eine Ahnung von Freiheit verschaffen.

Fische und Stier können einander gut ergänzen und sie können sich gegenseitig viel Gutes tun. Ähnlich wie bei Stier/Krebs fehlt in dieser Verbindung ein wenig der Schwung. Eine Stier/Fische Beziehung können wir uns wünschen, wenn wir etwas älter, weiser oder reifer geworden sind. Im Idealfall kann der Stier dem Fisch Sicherheit und Struktur vermitteln, während der Fisch die Qualität der Gefühle in die Beziehung einbringt. Beide treffen sich im sinnlichen Empfinden.

Zwillinge

Die Zwillinge allgemein

Scherzhaft können wir uns fragen, ob der Zwilling überhaupt eine Beziehung oder einen Partner braucht, denn er ist ja in seinem Zeichen schon zu zweit.

Ähnlich wie beim Wassermann ist auch der Zwilling nicht konstant in seinen Handlungen. Er verhält sich nicht logisch, obwohl er im gedanklichen Austausch die Logik stark benutzt. Vor allem die luftbetonten Zeichen wie Waage, Wassermann und Zwillinge brauchen Austausch und Kommunikation in ihren Beziehungen. Sie wollen verstanden werden und sie wollen den anderen verstehen. Das gilt natürlich auch für all diejenigen, die auch Luftbetonung im Horoskop haben, auch wenn ihre Sonne nicht in einem dieser drei Zeichen steht.

Einen Austausch brauchen natürlich auch die wasserbetonten Zeichen Krebs, Skorpion und Fische, nur braucht deren Austausch keine Worte, da geht es mehr um die Gefühle. Bei den luftbetonten Zeichen sind aber auch die Worte sehr wichtig und es ist notwendig, dass die Kommunikation keine Einbahnstrasse ist. Gerade den Zwillingen ist es sehr wichtig, dass der Partner mitspricht, sich beteiligt, beim Gespräch dabei ist und zwar nicht nur körperlich. Von daher sind mögliche Konflikte beispielsweise zwischen Zwilling und

Steinbock, sowie Zwilling und Skorpion vorprogrammiert. Denn die beiden letztgenannten Zeichen halten sich mit Worten gern zurück und sie gelten teilweise sogar als schweigsam.

Gerade in heutiger Zeit ist es besonders wichtig das bewusste Zuhören zu kultivieren. Oft mögen wir dem anderen nicht zuhören, weil wir selber schon voll sind von aufgenommenen Informationen. Des weiteren möchten wir oft nicht hören, was der andere uns zu sagen hat, weil unser Mitteilungsbedürfnis schwerer wiegt. Denn wir wollen selbst unsere für uns so wichtigen Gedanken unbedingt loszuwerden. Damit ist natürlich kein echtes Gespräch im Sinne eines Austausches mehr möglich. Dies ist ein Problem, welches häufig in längeren Beziehungen auftaucht und diese stark belastet.

Wenn wir zurückkehren zu dem Zeichen der Zwillinge können wir sagen, dass es es sehr spannend, lustig und interessant sein kann mit einem Zwilling eine Beziehung zu führen. Man kann mit ihnen sehr gut etwas unternehmen, sich über alles austauschen und gut Feste feiern. Es gilt in der Beziehung zu einem Zwilling zu beachten, dass wir ihm die Freiheit zugestehen, die dieser braucht, um seiner unruhigen und beweglichen Natur zu folgen.

Die Zwillinge und die anderen

Mit dem **Widder** kann der Zwilling viele gemeinsame Aktionen starten. Der Widder wird im Vorfeld nur das Nötigste besprechen und sich auch im Nachhinein nicht allzu viele Gedanken machen wollen. Für den Zwilling ist es dagegen unumgänglich, dass er vorher und hinterher über das, was gelaufen ist, sprechen will. So darf sich der Widder nicht beschweren, wenn sich der Zwilling anderen Leuten zuwendet, um seine Gesprächseinheiten zu bekommen.

Die äußerst differenzierte Betrachtung vieler Dinge und auch die oft zerstreute Art der Zwillinge kann den Widder nervös machen. Andererseits erfährt der Widder durch den Zwilling neue Ideen und Betrachtungsweisen. Und der Zwilling kann vom Widder Entscheidungsfreudigkeit und schnelles Handeln lernen.

Stier und Zwillinge sind in ihrer grundsätzlichen Ausrichtung entgegengesetzt ausgelegt. Den Zwilling zieht es nach draußen, er will durch Kontakte und Informationen seinen Radius erweitern, während der Stier gern innerhalb seines Reviers bleibt und seinen Bereich absichert. Die Ungebundenheit des Zwillings macht es für ihn überhaupt erst möglich, seine Informationen zu sammeln. Der Stier braucht dagegen die Bindung des Partners als Sicherheit. Hier können Konflikte entstehen. So kann der Stier vom Zwilling lernen, offener zu werden und Vertrauen in seinen Partner zu entwickeln und der Zwilling muss immer wieder das Gespräch suchen, um dem Stier die Beweggründe für sein Handeln zu erklären.

Die starke Körperlichkeit des Stier wird vom Zwilling als echtem Luftikus kaum im gleichem Maße erwidert werden können. Möglicherweise reicht das dem Stier dann nicht aus.

Ähnliche Schwierigkeiten wie mit dem Stier erwartet den Zwilling auch mit dem **Krebs**. Dieser ist introvertiert und auf seine Gefühle hin ausgerichtet, während der Zwilling wie schon erwähnt extrovertiert ist und sich mehr um mentalen Dinge kümmert.

Die Bindung an das Heim und die Familie ist dem Krebs sehr wichtig, der Zwilling braucht aber Bewegungsfreiheit, um seiner Aufgabe, dem Sammeln von Informationen nachgehen zu können.

So können wir in der Paarung von Zwillinge und Krebs eine starke Unterschiedlichkeit erkennen, die eine enge Beziehung unter Umständen sehr schwierig werden lassen kann. Natürlich kann der Zwilling emotional vom Krebs profitieren, da der Umgang mit diesem ihn tiefer in die eigene Gefühlswelt bringt. Und der Krebs bekommt eine Menge an Denkanstössen von den Zwillingen.

Löwe und Zwillinge passen da schon besser zusammen, denn beide sind beide kreativ und lieben die Geselligkeit. Der Löwe erklärt sich nicht gern, somit bleibt der Zwilling oft mit seinen Analysen seiner Person allein. Beide Zeichen lieben Spiel, Spaß, Unterhaltung und die Aktion um der Aktion wegen. Daher gilt auch für diese Paarung, dass sie besonders gut funktioniert, wenn es um gemeinsame Aktivitäten geht.

Der Löwe kann dem Zwilling ein Gefühl von Größe vermitteln und dafür sorgen, dass sich dessen Selbstwertgefühl erhöht.

Zwillinge und **Jungfrau** sind beide überdurchschnittlich oft im pädagogischen Bereich anzutreffen. Beide Zeichen haben viel mit den Bereichen Lernen, Lehren, Reden und Schreiben zu tun. Allerdings trifft die Genauigkeit und das Penible der Jungfrau nicht unbedingt die Lebensqualität des Zwillings. Dieser liebt mehr den lockeren Umgang mit dem Leben. Ein zu starkes Fokussieren auf Ordnung und Genauigkeit würde dem Zwilling nicht mehr genug Raum geben für seine quirlige Art der Raumergreifung. Trotzdem können beide Zeichen voneinander profitieren. Der Jungfrau tut ein wenig mehr Lässigkeit genauso gut, wie dem Zwilling etwas mehr Konzentration.

Waage und Zwillinge haben das gleiche Element. Als Luftzeichen sind sie beide auf Kontakt und auf Kommunikation ausgerichtet. Als kardinales Zeichen ist die Waage etwas ausgerichteter als der Zwilling.

Beide Zeichen haben Schwächen darin, ihre Vorhaben zu Ende zu bringen. Es bleibt oft bei der Planung. Ihre Stärke ist nicht die Umsetzung, Waage und Zwillinge sind sich aber sehr ähnlich darin, andere Menschen ansprechen und einbeziehen zu können. Beide Zeichen tun sich gegenseitig nicht weh, es fehlt ihnen aber die Bodenhaftung.

Mit dem **Skorpion** und den Zwillingen treffen Gefährlichkeit und Wille auf Harmlosigkeit und Ziellosigkeit. Das kann auch für den Skorpion schwierig sein. Der Zwilling wird nie so sehr nach Innen und in die Tiefe gehen wollen wie der Skorpion, auch das reine sich beschränken auf die Gefühle ist die Sache des Zwillings nicht. Der Zwilling mag auch nicht gerne kontrolliert werden, aber wer mag das schon?

Wo der Zwilling mehr Tiefgang vom Skorpion lernen kann, kann der Skorpion Lockerheit und Unbekümmertheit von den Zwillingen übernehmen.

Der **Schütze** ist das Oppositionszeichen zum Zwilling (siehe dort).

Steinbock und Zwillinge sind als Zeichen wieder sehr

verschieden. Der Steinbock ist schweigsam, introvertiert und konzentriert. Alles das ist der Zwilling nicht. So könnten beide Zeichen schon voneinander profitieren, leben aber leider häufig aneinander vorbei. Der Steinbock ist dem Zwilling viel zu ernst und zu verkniffen und dem Steinbock fehlt dementsprechend beim Zwilling manchmal der nötige Ernst.

Wenn beide Zeichen sich aufeinander zu bewegen, dann kann die Stärke des einen zum Lernstoff des anderen werden. Der Steinbock kann sich vom Zwilling die Leichtigkeit im Umgang mit Menschen, mit Kommunikation und mit dem Leben abschauen und der Zwilling kann vom Steinbock die Konzentration auf das Wesentliche lernen. Zumindest manchmal.

Ähnlich wie beim Paar Zwillinge und Waage haben auch **Wassermann** und Zwillinge mehr gemein als nur ihr Element Luft. Beide arbeiten und wirken gern zusammen mit anderen, der Zwilling ist allerdings mehr am Alltag und an konkreten Gegebenheiten orientiert als der Wassermann, der doch oft recht abgehoben ist. In dieser reinen Luft-Beziehung ist die Gefahr gegeben, dass vieles nur gedacht und nicht umgesetzt wird.

Fische und Zwillinge gehören beide zum beweglichen Kreuz. Die Beweglichkeit der Fische zeigt sich vor allem in seinen Gefühlen, der Zwilling orientiert sich dagegen am Geistigen, an Gedanken und Worten. Beide Zeichen sind in ihrem Bereich recht souverän, können mit dem des anderen aber weniger anfangen. Warum so viele Worte machen, fragt sich der Fisch. Wohin mit all den ganzen Gefühlen, das weiß der Zwilling oft nicht. Natürlich können auch Fische und Zwillinge sich gegenseitig ergänzen, was aber nicht leicht so leicht ist, da beide ja in verschiedenen Elementen zu Hause sind.

Krebs

Der Krebs allgemein

Ein Krebs möchte seinen Partner mit in seine persönliche Welt nehmen. Damit ist auch ein Problem des Umgangs mit dem Krebs bereits angesprochen, denn der Partner läuft Gefahr, vereinnahmt werden. Der Krebs muss lernen, dass seine Partner ihre eigene Welt haben. Das gilt insbesondere für ihre Gefühlswelt.

Dem Krebs drängen sich die eigenen Gefühle immer stark auf, sie beherrschen oftmals seine Wahrnehmung. Da Gefühle letztlich eine Art von Bewertung darstellen, sind sie für klare und objektive Beurteilung oft nicht zu gebrauchen. Andererseits kann der Krebs auch sehr sensibel bis hin zur Sensitivität sein. Diese Sensitivität verleiht ihm Informationen von jenseits der Ebene des auf den Alltag bezogenen Verstandes. Wenn er Interesse daran entwickelt, dann sollte ein Krebs besonders stark seine Verhaftung an eigene emotionale Zustände überprüfen und lernen andere so sein zu lassen, wie sie sind.

Wenn der Krebs an spirituellem Wachstum interessiert ist und an die allmähliche Klärung seiner Gefühlswelt herangeht, dann sind ihm Wahrnehmungen tiefer Wahrheit möglich. Insbesondere im Kontakt mit der Natur hat der Krebs Zugang zu Ebenen, die anderen

Zeichen möglicherweise vollständig verschlossen sind. Man hüte sich als Partner eines Krebs also davor ihn als wunderlich oder gar verrückt abzutun, denn gerade der Krebs braucht besonders die emotionale Zuwendung und Bestätigung seines Partners.

Für den Krebs sind die Themen Familie gründen, Kinder bekommen und aufziehen, sowie ein gemütliches Heim sein Eigen nennen besonders wichtig. Der Krebs braucht das Gefühl, gebraucht zu werden und wenn er sich nicht um seinen Partner und seine Kinder kümmern kann, dann sucht er sich etwas anderes, wo er seine Energien hinwenden kann.

Der Krebs und die anderen

Widder und Krebs haben beide den Wunsch, die Dinge nach ihren Vorstellungen zu gestalten, nur ist die jeweilige Vorgehensweise eine andere. Der Widder geht seine Vorhaben direkt an und möchte seine Ideen auch umgesetzt sehen, während der Krebs die Dinge eher gemächlich und für Außenstehende oft umständlich gestaltet. Nichtsdestotrotz kann der Krebs starke Energien entwickeln, die sich in beständigem emotionalem Engagement zeigen.

Widder und Krebs sind tatsächlich wie Feuer und Wasser und brauchen einen gewissen Abstand voneinander.

In seiner Naturverbundenheit ist der **Stier** dem Krebs sehr ähnlich. Beide Zeichen verbindet im Tierkreis ein Sextil (60 Grad). Dem Stier geht es allerdings mehr um den direkten Kontakt zur Natur. Der Krebs fühlt sich mehr hinein. Beide Zeichen wollen etwas aufbauen und können sich sehr gut ergänzen, wenn sie sich über ihre Ziele einig werden.

Schon oft wurde erwähnt, dass sich Zeichen fremd sind, die im Tierkreis nebeneinander liegen. Der **Zwilling** empfindet die Schwere und Unbeweglichkeit des Krebs als belastend. Er geht doch eher locker an das Leben heran.

Beide Zeichen verstehen einander nicht, weil sie unterschiedliche Sprachen sprechen. Der Krebs spricht die Sprache der Gefühle und der Zwilling die der Gedanken. Da sich der Krebs in Worten oft nicht genügend äußert, ist es für den Zwilling sehr schwer dessen Beweggründe und dessen Verhalten nachzuvollziehen.

Der Krebs kennt den Zwilling, weil er ihm im Tierkreis folgt. Ohnehin kennt jedes Zeichen seinen Vorgänger im Tierkreis gut, denn der Bereich liegt ja vor ihm. Die

Sonne bewegt sich in ihrem gedachten Lauf durch den Tierkreis erst durch das Zeichen Zwillinge und dann durch den Krebs. Wenn sie also im Krebs angekommen ist, dann hat sie gerade dreißig Tage in den Zwillingen hinter sich. Aus der Sicht der Zwillinge ist der Krebs als das kommende Zeichen natürlich absolutes Neuland für sie.

Das dem Krebs folgende Zeichen ist der **Löwe**. So wie der Krebs dem Zwilling unbekannt ist, weil dieser im Jahresverlauf vor ihm liegt, so ist dem Krebs der Löwe unbekannt. Dessen großzügige Art und oft dramatisches Auftreten ist dem Krebs fremd. Der Krebs gilt auch als sparsam bis geizig und die Verschwendungssucht des Löwen kann ein ewiger Dorn des Schmerzes für ihn sein. Der Löwe agiert sich aus, während der Krebs die Dinge in sich hineinfrisst. So ist die jeweilige Strategie der Verarbeitung sehr unterschiedlich. Da beide Zeichen nur ungern über ihre Schwächen reden, kann ein gegenseitiges Verständnis manchmal nur schwer aufzubauen sein.

Krebs und **Jungfrau** haben viele Gemeinsamkeiten. Beide sind naturverbunden, eher introvertiert und beiden ist ihr Zuhause wichtig. Allerdings kann die emotionale und nicht logische Art und Weise des Krebs von der Jungfrau nicht immer nachvollzogen werden. Daraus können Konflikte entstehen. Die analytische Art der Jungfrau kann dem Krebs helfen, sich selber besser verstehen zu lernen. Der Krebs kann die Jungfrau dazu ermutigen, sich ihren Gefühlen zuzuwenden, diese zuzulassen und zum Ausdruck zu bringen.

Waage und Krebs sind beide nicht direkt dominant, sondern erreichen ihre Ziele auch dadurch, dass sie ihre Umgebung manipulieren. Der Krebs als Wasserzeichen erfasst seine Umwelt durch seine Gefühle, die Waage durch ihren Intellekt.
Wenn sie ihre Aufgaben gut untereinander verteilen, dann kann eine Beziehung der Waage zum Krebs funktionieren. Die Waage kann dem Krebs unter Umständen zu sehr auf direkten Kontakt aus sein. Der Krebs findet, dass die vielen Kontakte nur Unruhe bringen, während die Waage ungern auf wenige Bezugspersonen beschränkt ist. Im idealen Fall kommen Harmonie, Schönheit und Häuslichkeit und Gemütlichkeit zusammen.

Besondere Wesensverwandtschaft hat der Krebs zum **Skorpion**. Beide Zeichen gehören zum Element Wasser, sind sehr gefühlsbetont und haben einen Zugang zum Irrationalen. Das Hinterlistige und das Lebensverneinende des nicht spirituell orientierten Skorpion sind allerdings nicht die Sache des Krebs. Ob eine Verbindung zwischen Krebs und Skorpion funktioniert, hängt auch davon ab, ob sie sich in ihrer Lebensausrichtung einig werden.

Krebs und **Schütze** sind in ihrer grundsätzlichen Lebensauffassung (Feuer und Wasser) sehr unterschiedlich. Den Schützen drängt es in die große Welt hinaus, während der Krebs gern daheim ist. Alles was dem Krebs wichtig ist und woran er seine Gefühle fest macht, kann für den Schützen als Einschränkung empfunden werden. So ist großes Verständnis von beiden Seiten nötig, wenn eine Beziehung funktionieren soll. Dabei muss der Krebs auch beim Schützen lernen, diesem als Partner Freiraum zu gewähren.

Der **Steinbock** ist das Oppositionszeichen zum Krebs (siehe dort).

Der **Wassermann** kann in einer Partnerschaft dem Krebs arge Probleme dadurch bereiten, dass er jeden Rahmen sprengen will. Je mehr der Krebs bildhaft betrachtet das Ei behüten will, um so mehr will der Wassermann die Eihülle sprengen. Ei und Eihülle sind hier natürlich Symbole, für die wir z.B. Heim, Familie oder Firma einsetzen können. Der Krebs kann viel gewinnen beim Wassermann, wenn er das offene Gespräch wagt.

Mit den **Fischen** versteht der Krebs sich gut (gleiches Element Wasser), wenn auch die manchmal ausweichende Art der Fische den Krebs nerven kann, vor allem wenn es um wichtige Lebensentscheidungen geht. Beide lieben Romantik, den Gefühlsaustausch und das Meer. Was will man mehr?

Löwe

Der Löwe allgemein

Ähnlich wie im Tierreich möchte der Löwe sein Territorium kontrollieren. Der Löwe kann das großzügigste und weitherzigste Zeichen sein, wenn sein Herrscherbereich nicht beschnitten wird und wenn er (oder sie) als Person nicht kritisiert wird. Der Löwe braucht die Anerkennung. Aus diesem Grund kann er Probleme bekommen mit dem Skorpion oder dem Steinbock, die sich schwer damit tun, Anerkennung auszusprechen.

Der Löwe ist das Zeichen, welches die Würdigung und Anerkennung anderer braucht, um sich wohl zu fühlen. Löwen sind, wie die Löwen in der Natur, nicht gern allein, sie sind gesellig und sie fühlen sich wohl in einer Zweierbeziehung. Diese ist die Grundlage der Familie. Die Familie ist für den Löwen sehr wichtig, weil er Kinder liebt und für seine Nachkommen einfach alles tun würde. Wenn es zum Streit kommt oder sogar zur Trennung tut man als Partner eines Löwen gut daran, ihm den Zugang zu seinen Kindern nicht zu verwehren.

Der Löwe ist an und für sich treu, aber er lässt sich nicht gerne Vorschriften machen und er lässt sich auf Dauer nicht einsperren. Sein Oppositionszeichen, der Wassermann, steht für Befreiung und das Überschreiten von Grenzen. Wird der Löwe stark unter Druck gesetzt, kann er ähnlich wie ein Wassermann reagieren und alle Ketten sprengen.

Der Löwe braucht das Gefühl der Großartigkeit und mag wie gesagt keine Kritik an seiner Person. Das gilt auch für seine Sexualität. Er braucht auch dort das Gefühl, toll zu sein. Wenn sein Partner ihm dieses Gefühl in der Beziehung vermittelt, kann der Löwe sehr wohlwollend und großzügig sein.

Der Löwe und die anderen

Der **Widder** kann dem Löwen manchmal zu schnell und zu unüberlegt sein. Auch kann es zu Macht und Abgrenzungsproblemen kommen. Beide Zeichen mögen gerne führen und haben dadurch oft Konflikte mit Autoritäten. Dieser Anspruch kann auch zu Konflikten untereinander führen. Der Widder reibt sich gern, provoziert und übertretet dabei Grenzen. Wehe ihm, wenn er die Gutmütigkeit des Löwen überreizt. Dann ist Schluss mit lustig. Davon abgesehen mag der Löwe die Verspieltheit des Widder und fördert diese sogar.

Mit dem **Stier** verbindet den Löwen das Beständige, aber während Löwen meistens recht großzügig mit ihren Mitteln (Zeit, Geld, Energie) umgehen, spart der Stier gern. Das eine Zeichen verausgabt sich (Löwe), das andere hält alles zusammen. Im Idealfall könnten beide hervorragend zusammenwirken, in der Realität wird es zu Auseinandersetzungen um diese Mittel kommen. Für den Löwen ist Großzügigkeit ein Weg sein Inneres zum Ausdruck zu bringen. Der Stier muss ein Gefühl dafür entwickeln, wo zu viel Sparsamkeit und Enge die Lebenskraft beschränken. Nur ein Stier, der lernt, hier zu differenzieren und loszulassen, kann hoffen, einen Löwen glücklich zu machen.

Löwe und **Zwillinge** passen gut zueinander, wobei der Löwe es schon gern hätte, wenn der Zwilling etwas konzentrierter bei ihm wäre. Der Zwilling lässt sich nicht gerne vereinnahmen. Die beiden Zeichen sind ein gutes Gespann für Unternehmungen, vor allem solche, in denen es um Vergnügen und Unterhaltung geht. Der Löwe kann vom Zwilling zu stärkerer intellektueller Aktivität angeregt werden.

Löwe und **Krebs** sind wie Sonne und Mond. Im besten Fall ergänzen sie sich im fast archetypischen Sinn, meistens kommen sie nicht wirklich zusammen. Missverständnisse und mangelhafte Kommunikation bringen

Probleme mit sich. In diesem wie in vielen andern Fällen kann auf das Gesetz des liebevollen Zuhörens verwiesen werden. Wenn es uns wirklich darum geht, bei dem anderen zu sein, dann sollten wir uns darin üben, ihm aufmerksam, unvoreingenommen und liebevoll zuzuhören. Sehr viel Heilung kann dadurch geschehen. Auch der Krebs gehört zu den Zeichen, die gern den Außenradius begrenzen, aber da haben sie die Rechnung nicht mit dem Löwen gemacht. Ihm (dem Löwen) ist die eigene Familie unter Umständen als Publikum nicht genug.

Die grundsätzliche Ausrichtung der **Jungfrau** ist eine ganz andere als die des Löwen. Aufsparen, aufheben, wieder verwenden können, das sind die Attribute einer Jungfrau. Die dementsprechenden Attribute des Löwen sind dagegen ausgeben, weggeben, verprassen. Wenn es uns gelingt die Gegensätze Spaß und Vernunft zusammenzubringen, dann gelingt uns das vielleicht auch mit der Jungfrau und dem Löwen. Auch hier können beide Zeichen unendlich viel voneinander lernen. So können manche Erschöpfungszustände und die damit verbundenen körperlichen Gebrechen vermieden oder gemildert werden, wenn der Löwe auf die Jungfrau hören würde. Und die Jungfrau könnte mehr Spaß und Vergnügen in ihrem Leben haben, wenn sie ab und zu dem Löwen folgen würde.

Mit der **Waage** hat der Löwe wieder mehr gemein als mit der Jungfrau. Beide haben Geschmack und zeigen den auch gerne im Außen. Der Besitzanspruch des Löwen kann auf die Waage einschränkend wirken. Die Waage ist fähig, die Sinne des Löwen auf die Schönheit der Dinge zu lenken. Löwen können häufig aus sich selber heraus schöpferisch werden. Mit einem entwickeltem Sinn für Schönheit und Ästhetik wie ihn die Waagen meistens haben, kann der Löwe etwas wirklich Wunderbares schaffen.

Mit dem **Skorpion** kann der Löwe tiefe Grabenkämpfe ausfechten. Beide wollen bestimmen und keiner gibt gerne nach. Die Verschwendungssucht des Löwen kann den Skorpion zum Wahnsinn treiben. Im Gegensatz zum Löwen kann der Skorpion kaum durch Komplimente oder Schmeicheleien manipuliert werden.

Der unentwickelte Skorpion missgönnt dem Löwen seine Anerkennung und seinen Glanz, aber warum tut er dies? Die Anerkennung, die der Löwe erfährt, mindert aus Sicht des Skorpion seine Kontrolle über den Löwen.

Wenn der Skorpion den Löwen kritisiert oder ihn verletzt, dann kann er kein Verständnis erwarten. Im besten Fall kann der Löwe dem Skorpion soviel Sicherheit geben, dass der Skorpion den Löwen auch mehr sein lassen kann, aber das ist eher unwahrscheinlich.

Der **Schütze** ist dem Löwen da schon wieder eher wesensverwandt als es der Skorpion ist. Als Idealpartner für den Löwen ist der Schütze diesem wohl zu unruhig. Der Schütze ist ein Getriebener, der Löwe mehr der Typ des Genießers.

Der Löwe ist sich selber Maßstab aller Dinge, er braucht und sucht keinen weiteren oder höheren Sinn wie es der Schütze tut.

Bei den Vergleichen der Feuerzeichen sollten wir uns bewusst machen, dass manchmal ein Gegenfeuer das beste Mittel ist, um Feuer zu löschen. So können Feuerzeichen untereinander ihr Feuer löschen, dieses aber auch verstärken. Beide Möglichkeiten sollten im Einzelfall genau untersucht werden. Das Feuer des Schützen ist unruhiger als das des Löwen. Der Löwe ist auch in Beziehungen beständiger als es der Schütze ist.

Löwe und **Steinbock** wollen beide die Macht haben. Der Steinbock sucht diese über Ämter und Gesetze, der Löwe hat die autokratische Macht, also die Macht, die aus seiner Persönlichkeit her resultiert. Der Löwe will die Macht aus sich heraus, während der Steinbock sich häufig alles angeeignet hat, was für die Ausübung dieser Macht nötig ist. Tiefe und verbitternde Kämpfe um diese Macht sind hier möglich. Neben dem Skorpion sind Steinbock und Löwe vielleicht die mächtigsten Zeichen im Tierkreis. Während sich der Skorpion oft selber im Weg steht, hat der Steinbock gelernt, sich selber zu disziplinieren. Das kann der Löwe vom Steinbock lernen. Steinböcke sind auch nicht unbedingt dafür bekannt, besonders lebensfroh oder lebensbejahend zu sein. Im Idealfall kann der Steinbock sich von der Lebenslust des Löwen anstecken lassen. Der Löwe wiederum kann von der Disziplin des Steinbocks profitieren.

Der **Wassermann** ist das Oppositionszeichen zum Löwen (siehe dort).

Fische und Löwe sind so unterschiedlich, dass eine Beziehung zwischen beiden schon wieder funktionieren kann, große gegenseitige Toleranz vorausgesetzt. Die wechselnden Stimmungen der Fische sind dem Löwen lästig bis suspekt.

Auch wird der Löwe nicht die Bewunderung und Anerkennung für sich als Individuum vom Fisch bekommen. Die Fische denken mehr an andere, der Löwe meistens zuerst an sich selbst.

Jungfrau

Die Jungfrau allgemein

Als nächstes wollen wir uns die Eigenheiten der Jungfrau in Beziehungen ansehen. Das Zeichen der Jungfrau gehört zu den oft unterschätzten, weil bisher wenig verstandenen Zeichen im Tierkreis. Die Jungfrau ist das Zeichen der Integration von körperlichen, geistigen und seelischen (gefühlsmäßigen) Komponenten. Somit liegt es auf der Hand, worum die Jungfrau so viel mit Krankheit/Gesundheit, sowie mit psychosomatischen Zusammenhängen, zu tun hat.

Ein weiteres wichtiges Kriterium für die Jungfrau ist es zu lernen, die eigenen Gefühle zu zeigen. Damit sind wir mittendrin im Beziehungsleben, denn besonders in unseren Beziehungen kommen wir ohne Gefühle gar nicht aus.

Die typische Jungfrau will weder auffallen, noch anderen Menschen auf die Nerven gehen. Von daher wird sie ihre Gefühle eher zurückhalten, als diese zu äußern. Aber genau das soll die Jungfrau lernen, so dass jede Beziehung, die sie aus dem Verstand und mehr in die Gefühle bringt, aus entwicklungstechnischer Sicht zu bejahen ist.

Die typische Jungfrau muss Vertrauen entwickeln, um in der Beziehung auftauen zu können. Die Jungfrau ist als

Erdzeichen durchaus sinnlich veranlagt, kann aber bei mangelndem Vertrauen oder bei Erlebnissen wie beispielsweise Zurückweisung regelrecht prüde wirken.

In einer Beziehung bekommen wir mit der Jungfrau einen loyalen und treuen Partner, der u.a. Ordnung, Gesundheit und bewusste Ernährung in unser Leben bringen kann

Die Jungfrau und die anderen

Jungfrauen sind meistens überlegt, während der **Widder** spontan und direkt ist. So kann es für beide unter Umständen schwierig sein zu gemeinsamen Entscheidungen zu kommen. In unklaren Situationen wird sich die Jungfrau dem Widder unterordnen.

Der Widder wird die Ordnungssysteme der Jungfrau immer wieder stören und durcheinander bringen. Andererseits bereichert der Widder das Leben der Jungfrau durch Abwechslung, spontane Einfälle und neue Energie. Die Jungfrau kann Ordnung und bewusste Lebensführung in das Leben des Widders bringen, wenn er das zulässt.

Der **Stier** strebt einen Zustand an, der es ihm erlaubt, sich auszuruhen oder auch mal nichts zu tun. Jungfrauen sind immer mit irgendwelchen Tätigkeiten beschäftigt. So etwas kann den Stier schon unruhig machen, während das Phlegma des Stier der Jungfrau als Vergeudung von Zeit und Energie gilt. Ansonsten können die beiden Erdzeichen gut miteinander auskommen, da ihnen auch ähnliche Werte zu eigen sind.

Zwillinge und Jungfrau haben an sich viel gemeinsam, nur ist ihr Tempo ein unterschiedliches. Der Zwilling ist schnell und oberflächlich, die Jungfrau eher gründlich und daher langsamer, obwohl Jungfrauen nicht wirklich langsam sind, wenn wir bedenken, was sie in der ihnen zu Verfügung stehenden Zeit alles machen. Die Jungfrau möchte ihre Zeit immer nutzen und sie kann das Verhalten des Zwillings als oberflächlich und unnütz ansehen. Die Zwillinge können ihr aber helfen, das Leben etwas lockerer zu sehen und es damit auch besser genießen zu können.

Krebs und Jungfrau sind jeweils auf ihre eigenen Art sehr emotionale Zeichen, beiden ist ein solides Zuhause wichtig, beide sind zuweilen recht introvertiert. Nur ist die Jungfrau mehr auf Nützlichkeitserwägungen hin ausgerichtet, während der Krebs den Eingebungen seines Innenlebens folgt. Beiden Zeichen gemeinsam ist der

Bezug zur Natur und zu natürlichen Materialien. Dies zeigt sich auch in der Ernährung, sowie in der Nahrungszubereitung. Im Idealfall kann die Verbindung von Krebs und Jungfrau zu den besten gehören, da sich beide Zeichen in den Bereichen Ernährung, Heim und Gefühl sehr ähnlich sind und auch gut ergänzen können.

Der **Löwe** gibt aus und die Jungfrau sammelt es wieder ein. Dem Löwen geht es darum, seine inneren Impulse umzusetzen, koste es was es wolle, während die Jungfrau aus Anpassungsgründen oder aus Nützlichkeitserwägungen heraus auch auf die Umsetzung verzichten kann. Die Jungfrau steht im Gegensatz zum Löwen nicht gern im Mittelpunkt, so dass eine Beziehung, die sie zu repräsentativen Unternehmungen zwingt, belastend für sie sein kann. Der Löwe kann von der Jungfrau Umsicht lernen, die Jungfrau kann durch das Beispiel des Löwen mehr Courage wagen.

Wie immer sind die Zeichen, die im Tierkreis aufeinander folgen, sehr unterschiedlich. Die **Waage** ist ebenso auf andere bezogen, wie es die Jungfrau auf sich selbst ist. Geht es der Waage um den Ausgleich zwischen den Polen und oft auch um die Vermittlung zwischen den Menschen, so hat die Jungfrau mehr ihre inneren Prozesse im Blickfeld. Waage und Jungfrau als aufeinander folgende Zeichen müssen sich nicht ins Gehege kommen, haben aber oft auch nicht allzu viel miteinander gemein.

Obwohl der **Skorpion** ein Wasserzeichen und die Jungfrau ein Erdzeichen ist und obwohl sich die Erdzeichen und die Wasserzeichen ergänzen, passt das bei dieser Paarung nicht so ganz. Denn die Jungfrau ist für den Skorpion zu harmlos, zu wenig Widerstand kann sie ihm entgegensetzen. Zu einseitig würde sich eine Beziehung zwischen den beiden gestalten. Die Jungfrau ist normalerweise auf das Gesunde, das Organische aus-- gerichtet, während in vielen Skorpionen auch ein Teil von jener Kraft wohnt, die stets auch das Dunkle sucht. Dieses Verhalten kann der Jungfrau Angst machen und sie damit aus der Beziehung treiben.

Den **Schützen** und die Jungfrau verbindet der Drang, das jeweils erworbene Wissen weiterzugeben. Auch der Sinn für höhere Zusammenhänge ist beiden gemeinsam. Der junge oder unentwickelte Schütze ist der Jungfrau allerdings zu stürmisch, zu unvorbereitet und zu ungestüm. Der Schütze wiederum findet die Jungfrau zu kleinkariert und diese den Schützen überheblich und sieht ihn als jemanden, der zwar viel verspricht, aber lange nicht alles hält.

Steinbock und Jungfrau sind ein gutes Team. Aber wie

es das Wort Team schon verrät, gilt dies vor allem beruflich. Zu trocken und einseitig könnte die Verbindung zwischen den beiden werden. Wenn sich beide Zeichen darum bemühen, ihre Gefühle zu berücksichtigen und diese dem anderen auch ab und zu mitzuteilen, dann kann diese Beziehung auch langfristig Bestand haben. Am Steinbock schätzt die Jungfrau die Verlässlichkeit, eine Eigenschaft, die ihr Sicherheit vermittelt und sie für vieles andere entschädigen kann.

Mit dem **Wassermann** kann es für die Jungfrau schwierig werden. Wie kann sie sich auf jemanden einlassen, der alle Ordnungen, Reglementierungen und Kompromisse immer wieder aufbricht und ein stetiges Freiheitsbedürfnis zeigt. Es ist sehr wahrscheinlich, dass beide Zeichen, wenn auch ungewollt, aneinander vorbei leben könnten. Der Wassermann kann insofern von der Jungfrau profitieren, dass diese ihn zu einer gesunderen Lebensweise anregt.

Die **Fische** sind das Gegenzeichen der Jungfrau. Sie zusammen bilden die Achse der Krisen, des Karma, der Heilung und der Erlösung. In einer Beziehung können sie sich optimal ergänzen oder auch vollständig aneinander vorbei leben. (Siehe auch unter „Zeichen, die sich gegenüber stehen".)

Waage

Die Waage allgemein

Die Waage gilt in der Astrologie als das Beziehungszeichen schlechthin. Doch manchmal ist es so, dass die Waagen soviel mit Beziehungen zu tun haben, dass sie gar nicht dazu kommen, sich um ihre eigene Beziehung zu kümmern.

In eine ähnliche Richtung geht die Aufklärung eines beliebten Vorurteils über die Waagen. Heißt es doch immer, Waagen wäre ausgeglichen. Waagen sind nicht ausgeglichen, sie gleichen aus. Was hier sehr ähnlich klingt, könnte unterschiedlicher kaum sein. Es ist die Aufgabe der Waage auszugleichen. Wäre sie ausgeglichen, dann hätte sich ihre Funktion erschöpft. Denken wir an die Haushaltswaage. Diese wird doch nur dann verwendet, wenn wir sie brauchen. Vor und nach Gebrauch ist sie ausgeglichen. Während des Vorgangs, für den sie gemacht ist, gleicht sie aus, oder wir sagen, sie wiegt. Das Wiegen ist ja der Vorgang die beiden unausgeglichenen Waagschalen in ein Gleichgewicht zu bringen.
Wenn wir uns diesen an sich simplen Vorgang aus der Küche genauer betrachten und ihn analog auf das Wesen und die Persönlichkeit von astrologisch durch die Waage beeinflusste Menschen anwenden, dann können wir daraus eine Menge erkennen und verstehen.

Die typische Waage ist dafür bestimmt, Beziehungen zu führen. Waagen können sich tatsächlich dem Gegenüber widmen, sich in ihn hineindenken und dem anderen das Gefühl vermitteln, dass wirklich er gemeint ist.

Aber die typische Waage als Luftzeichen braucht einen gewissen Freiraum, um ihre vielen unterschiedlichen Beziehungen und Kontakte zu pflegen. Wenn der Partner der Waage dies nicht erkennen sollte, dann haben die beiden ein echtes Problem. Ansonsten kann mit der Waage sehr gut Partnerschaft gelebt werden.

Die Waage und die anderen

Der **Widder** ist das Oppositionszeichen zur Waage (siehe dort).

Waage und **Stier** haben die Venus als Zeichenherrscher gemeinsam. Die Ausrichtung beider Zeichen ist aber entgegengesetzt. Die Waage orientiert sich am Außen, der Stier nach innen. Der Stier begrenzt, die Waage bezieht gerne andere mit ein. Gemeinsam haben sie den Sinn für die Kunst und das Schöne, auch wenn der Geschmack wiederum eher unterschiedlich ist. Die Waage ist ästhetischer, der Stier natürlicher. Die Waage muss aufpassen, dass sie sich ihren Freiraum nicht all zu sehr vom Stier begrenzen lässt.

Mit den **Zwillingen** kommt die Waage gut aus, beide Zeichen haben neben dem gleichen Element viele weitere Ähnlichkeiten. Die Gefahr dieser Verbindung könnte in zu großer Oberflächlichkeit liegen. Beide Zeichen sind Meister der Kommunikation, dort liegen auch die Stärken dieser Verbindung. Aber sowohl die Waage wie auch die Zwillinge müssen lernen, sich auch auf ihre Gefühle einzulassen. Wenn eine Beziehung zwischen beiden dazu beiträgt, diese zu verdrängen, wäre das nicht empfehlenswert.

Mit dem **Krebs** kann es für die Waage zu Problemen kommen, da beide Zeichen mit ihrer kardinalen Ausrichtung gern die Richtung bestimmen wollen. Im Gegensatz zu den beiden anderen kardinalen Zeichen Widder und Steinbock sind Waage und Krebs eher indirekt im Umsetzen ihrer Ziele. Dem Krebs geht es um die Familie, die Waage kann sich auch über Gruppierungen identifizieren. Als Beispiel wählen wir einen Mann (Krebs), der nicht verstehen kann, dass seine

Frau (Waage) soviel Zeit mit ihren Parteifreunden verbringt, statt mit der Familie. Diese Problematik finden wir auch bei der Paarung von Krebs und Wassermann.

Waage und **Löwe**, das klingt schon wie eine gelungene Komposition und tatsächlich können sich die Fähigkeiten von Waage und Löwe sehr schön ergänzen, vor allem wenn diese einen klaren Außenbezug haben. Die Waage kann sehr gut ein echtes Interesse am anderen zeigen. Aufmerksamkeit ist für den Löwen wie Honig für den Bären. So können besonders geschickte Vertreter der Waage den Löwen so dirigieren, dass dieser alles so arrangiert, wie Waage das gerne hätte, dabei aber denkt, er hat alles bestimmt.

Mit der **Jungfrau** kann es schon von daher schwierig sein, weil diese der Waage viel zu genau ist, und sie sich durch die Jungfrau schnell kontrolliert fühlt. Auch die pedantische Art der Jungfrau kann der Waage auf die Nerven gehen. Eine innere Entwicklung vorausgesetzt können beide Zeichen voneinander profitieren. Die Waage kann von der Jungfrau lernen, sich stärker auf sich selber zu beziehen. Die Jungfrau kann am Verhalten der Waage erkennen, wie sich Kontakte nach außen leichter gestalten können.

Waage und **Skorpion** sind möglicherweise eine eher problematische Paarung, da die Diplomatie und die Harmlosigkeit der Waage keine probaten Mittel für bzw. gegen den Skorpion darstellen. Erschwerend kommt hinzu, dass der Kontrollzwang und die Eifersucht des Skorpion die Kontaktfreudigkeit der Waage hemmt. Die Waage als Meister der Luft und der Skorpion als Wasserzeichen sind einfach in verschiedenen Elementen zu Hause.

Gemeinsam mit dem **Schützen** kann die Waage viele ihre Vorstellungen verwirklichen. Beide reisen gerne, sind überhaupt sehr beweglich und haben viele Außenkontakte. Allerdings kann der Schütze der Waage viel zu selbstbezogen sein. Die Waage mag es, wenn man sich um sie kümmert und wenn es zu einem echten Austausch zwischen Gleichberechtigten kommt. Der Schütze kann die gemeinsame Kommunikation auch auf Themen lenken, die mit Philosophie und Religion zu haben. Davon wiederum kann die Waage nur profitieren.

Mit dem **Steinbock** hat es die Waage nicht leicht, denn diesen kann sie nur schwer dazu bringen, das zu tun, was sie will. Auch mit der Introvertiertheit und der Schweigsamkeit des Steinbocks kommt die Waage nicht gut zurecht. Steinböcke sind häufig misstrauisch und könnten der Waage ihre vielen Kontakte und Flirts übel nehmen. Der Steinbock kann der Waage allerdings das Streben nach Höherem nahe bringen. Im besten aller Fälle treffen sie sich in der Gerechtigkeit.

Der **Wassermann** liegt da schon eher auf der gleicher Wellenlänge wie die Waage. Beide haben viel mit anderen Menschen zu tun, lieben die Kommunikation und brauchen ihren Freiraum. Nur braucht die Waage den persönlichen Bezug und auch in engen Beziehungen kann der Wassermann distanziert sein. Die Ausrichtung der Waage ist einfacher als die des Wassermanns. Sie ist auf das Schöne, auf die Verbindung von Form und Inhalt bezogen. Der Wassermann ist da komplexer, mehr auf die geistige Strukturen und auf Systeme gerichtet. Die Verbindung von Wassermann und Waage kann synenergetisch sein, oder sich als Luftblase erweisen.

Fische und Waage sind als Zeichen sehr unterschiedlich. Da beide sehr höflich und zurückhaltend sein können, kann auch eine Beziehung funktionieren. Doch in Wirklichkeit sind die Fische der Waage zu schwach, zu gefühlsselig und zu wechselhaft. Da sich der Fisch gern entzieht, kann sich die Waage auch dann allein fühlen, wenn sie es eigentlich gar nicht ist. Das große Kommunikationsbedürfnis der Waage ist dem Fisch oft zu viel.

Es kann grundsätzlich schwierig sein, Bezüge zwischen

Zeichen herzustellen, die im Quinkunx (der Aspekt von 150 Grad) zueinander stehen, wie es beispielsweise bei der Waage und den Fischen der Fall ist.

Skorpion

Der Skorpion allgemein

Der Skorpion ist sicher das geheimnisvollste aller zwölf Zeichen und außerdem ist er ähnlich verschlossen wie der Steinbock. Beide Zeichen haben ohnehin viel gemeinsam. Beide sind eher introvertiert, sehr analytisch und kritisch und haben mit Macht-Themen zu tun. Der Skorpion, der an seiner inneren Entwicklung arbeitet, wird immer mehr davon Abstand nehmen, andere Menschen kontrollieren zu wollen, sondern er wird es anstreben, Macht über sich selbst, und damit über seine niederen Triebe zu bekommen.

Anmerkung: An dieser Stelle füge ich einen kleinen Exkurs über das ehemalige Doppelzeichen Skorpion ein. Der Skorpion war früher als Skorpion/Adler bekannt, wobei der am Boden lebende Skorpion für die niederen Triebe und Eigenschaften stand. Diese galt es zu überwinden. Symbolisch gesehen richtet der Skorpion seinen Giftstachel nicht mehr auf andere, sondern auf sich selber. Damit tötet er seine niedere Natur, um in seiner höheren Form, dem Adler, wieder geboren zu werden. Nun ist er souverän, unabhängig, über den Dingen schwebend. Selbstredend sind natürlich beide Formen schon im Skorpion enthalten, der Tod ist hier symbolisch zu verstehen.

Für einen typischen Skorpion sind Beziehungen sehr wichtig. Er ist ein Zeichen, welches am meisten mit einer direkten Beziehung zu einem Menschen anfangen kann. In der Konzentration auf eine Person kann er seine ganze Leidenschaft und Intensität leben. Die Bezogenheit auf Sexualität des Skorpion kann ebenso extrem sein wie seine Eifersucht und sein Besitzdenken in Bezug auf seinen Partner. So oder so braucht der Skorpion einen starken Partner, der in der Beziehung er selber bleiben kann und der dem Skorpion Paroli bieten kann.

Der Skorpion und die anderen

In einer Beziehung zwischen einem Skorpion und einem **Widder** kann sich ein Dominanz-Problem entwickeln. Beide wollen bestimmen, der Widder will dies ganz direkt, während es dem Skorpion mehr liegt, die Fäden im Hintergrund zu ziehen. Häufig kommt es dann zur Eskalation, auch wenn der Widder erkennt, manipuliert worden zu sein.

Nach altem Verständnis herrscht Mars in beiden Zeichen, so kann es im Extremfall zum Krieg zwischen beiden kommen. Andererseits ist es gerade der Widder, der es versteht dem Skorpion Paroli zu bieten.

Der **Stier** ist das Oppositionszeichen zum Widder (siehe dort).

Zwillinge und Skorpion sind von ihrem Naturell her wirklich sehr unterschiedlich. So verschwiegen und geheimnisvoll der Skorpion ist, so offen und direkt ist der Zwilling. Daher können sich im Bereich der Kommunikation auch viele Probleme ergeben. Aus Sicht des Skorpion ist der Zwilling zu oberflächlich und zu sehr an der Außenwelt interessiert. Auch den Bereich starker Gefühle meidet der Zwilling im Gegensatz zum Skorpion gern. In Idealfall kann der Zwilling mehr Tiefgang durch die Beziehung zum Skorpion bekommen, während dieser etwas lockerer wird.

Der **Krebs** kann mit dem Skorpion mitfühlen, ob er ihn auch immer verstehen kann, ist eine andere Frage. Er besteht die Gefahr, dass der Skorpion dominiert, obwohl auch der Krebs sehr beharrlich sein kann auf seine Art. Krebs und Skorpion sind beides Wasserzeichen und haben von daher sicherlich ein intuitives Verständnis für den anderen. Es geht dem Skorpion um die Beziehung zum anderen, während diese für den Krebs Mittel zum

Zweck ist. Für ihn (den Krebs) ermöglichen Beziehungen die Bildung von Familie und Heim.

Löwe und Skorpion können die intensivsten Gegner füreinander sein, die wir uns nur vorstellen können. Genauso wie dem Löwen die Hinterlist des Skorpion fremd ist, kann der Skorpion die Selbstentblößung des Löwen nicht nachvollziehen.

Ähnlich sind beide in ihrer Beharrlichkeit, vor allem wenn es um die Sicherung ihres jeweiligen Machtbereichs geht. Beide Zeichen können sehr viel voneinander lernen, wenn sie bereit sind, wirklich über ihren Schatten zu springen.

Skorpion und **Jungfrau** haben eine gute Basis für eine funktionierende Beziehung. Allerdings kann der Skorpion in der Beziehung sehr dominant sein und die Jungfrau muss sich dem dann anpassen. Für einen sozusagen geläuterten Skorpion kann die Jungfrau ein sehr guter Partner sein. Eine typische Jungfrau wird sich auch dem Skorpion gegenüber nicht zwangsläufig ihrer Leidenschaft hingeben. Sie wird eher überlegen und das tun, was für sie „richtig ist". Darauf kann wiederum ein typischer Skorpion nicht Rücksicht nehmen.

Ob auch die **Waage** immer ein guter Partner für den

Skorpion sein kann, muss bezweifelt werden, denn die Lebensausrichtung von Waage und Skorpion gehen doch weit auseinander. Mag die Waage viele andere Leute in ihr Leben einbeziehen, bezieht der Skorpion im Extremfall noch nicht einmal seinen Partner mit ein. Denn der Skorpion hat seine Geheimnisse und lässt kaum Einblick darin zu.

Waagen sind sehr an der Oberfläche der Dinge, an dem Anstrich und der äußeren Schönheit interessiert, während der Skorpion vor allem in seiner (Innen-)Welt lebt.

Anmerkung:

Natürlich kann es in der Wirklichkeit auch Beziehungen zwischen Waage und Skorpion geben, die absolut gut funktionieren. Im Horoskop spielt nie nur ein Zeichen oder ein Planet allein die Hauptrolle, aber in der Typisierung werden Verhaltensweisen und grundsätzliche Muster deutlich, deren Wissen wir dort besonders gut einsetzen können, wo es um unsere eigenen Anteile geht.

Auch mit dem **Schützen** tut sich der Skorpion unter Umständen schwer. Der Schütze ist all das, was der Skorpion nicht ist. Der Schütze kann sehr offen oder offenherzig sein, er ist stark außenbezogen und gern mit Menschen zusammen. Die grundsätzliche Ausrichtung von Schütze und Skorpion ist gegensätzlich. Es ist für den Skorpion kaum möglich den Schützen in dessen Bewegungsdrang zu kontrollieren. Zu sehr wird der Schütze von seinem Wunsch nach Expansion dominiert. Somit kann er den Skorpion auch einmal aus dessen Innenwelt herausholen. Auf der anderen Seite kann der Skorpion beim Schützen ein gewisses Interesse an dessen Innenleben erwecken.

Mit dem **Steinbock** teilt der Skorpion das Interesse an der Macht. Dem Steinbock geht es um die Macht, Regeln und Gesetze festlegen zu können. In demokratischen Staaten oder Gemeinschaften ist dies auch kein Problem. Es wird allerdings zum Problem, wenn der Steinbock meint, das Gesetz in die eigenen Hände nehmen zu können. Wir kennen dies aus alten amerikanischen Western. Der Skorpion strebt es an, die Macht über sein Innenleben, seine Gefühle und Leidenschaften zu erlangen. Dabei macht er auch nicht davor halt, Macht über andere, insbesondere in Beziehungen, anzustreben.

Sind beide Zeichen nicht so weit entwickelt, kommt es hier ziemlich sicher zum Streit um die Macht. Der Steinbock kann dem Skorpion dabei durchaus Paroli bieten.

Steinbock und Skorpion sind sich aber in ihrer verinnerlichten Art schon recht ähnlich und können einander verstehen. Auf dieser Basis kann eine Beziehung aufgebaut werden.

Skorpion und **Wassermann** sind in unterschiedlichen Welten zu Hause. Der Skorpion gehört zum Element Wasser. Ihn zieht es nach unten. Der Wassermann gehört zum Element Luft. Ihn zieht es nach stark nach oben.

So wie der Skorpion in seiner eigenen Gefühls- und Empfindungswelt lebt, so verlangt es den Wassermann nach der Freiheit von den eigenen Gefühlen. Er will sich nicht in enge Fesseln drängen lassen und nimmt sich um so mehr Freiraum, um so mehr ihm dieser verweigert wird. Dieses Verhalten wiederum kann den Skorpion aktiv werden lassen, denn hier reicht es nicht, wenn er droht, hier muss er aktiv werden. Und so wird der Skorpion seinen Druck nach Kontrolle verstärken, was wiederum das Freiheitsbedürfnis des Wassermanns erhöht. Dies kann zur endlosen Spirale werden.

Für eine funktionierende Beziehung zwischen zwei typischen Vertretern dieser Zeichen ist eine jeweilige hohe Entwicklungsstufe Voraussetzung.

Der **Fisch** kann es dagegen gut mit einem Skorpion aushalten. Beides sind Wasserzeichen. Der Fisch kann sich in nahezu jede Empfindung einfühlen und in jede Ebene „mit hinein schwimmen".

Da der Fisch immer mit einen Teil seiner Selbst woanders ist und diesen nicht mit einbringt, kann er auch nicht ganz vom Skorpion vereinnahmt werden. So kann eine Eigenschaft der Fische, die in manchen Paarungen

Probleme bereiten kann in anderen von Vorteil sein. Andererseits findet der Skorpion in dem Fisch jemanden, den er in gewisser Weise schon formen kann, was den Fisch für ihn als Beziehungspartner attraktiv sein lässt.

Schütze

Der Schütze allgemein

Beim Schützen ist es sehr wichtig den Altersfaktor zu berücksichtigen, denn der Schütze verändert sich besonders stark im Laufe seines Lebens. Häufig lassen sich bei ihm sogar zwei Seiten ausmachen. Diese lassen sich in Analogie setzen zum Zeichen des Schützen selber. Zeigt dieses doch die Gestalt eines Kentauren, also einer Mischung aus Pferd und Mensch. Der Kentaur setzt sich demnach aus einem Teil des Pferdes (Unterleib) und einen Teil des Menschen (Oberleib) zusammen. Er ist damit das Symbol für das Zwiegespaltene des Menschen, der tatsächlich in vielerlei Hinsicht zwischen Tier und Gott steht.

Beim durch den Schützen betonten Menschen ist dieser Zweispalt auch deutlich zu erkennen. Denn obwohl der Schütze ein sehr kommunikatives und manchmal sogar gebildetes Wesen hat, ist doch auch seine animalische Note sehr stark. Dieses animalische instinktive Verhalten treibt ihn vor allem in der Jugend um, so dass er manchmal die Schulausbildung früh abbricht und sich unbeständig in Freundschaften und Beziehungen verhält.

Es ist diese Unbeständigkeit und die damit verbundene Unberechenbarkeit, die so verstörend wirkt auf die Partner des Schützen. Wie ein gutes Wildpferd braucht auch der Schütze seinen Auslauf. Von daher gehört er auch nicht gerade zu den Zeichen, die Treue zu ihrer ersten Tugend erkoren haben.

Wie schon angesprochen können sich diese Verhaltensweisen in zunehmenden Alter mit zunehmender Reife verändern. Aber auch in seiner Jugend ist der Schütze zu recht ein sehr begehrter Partner. Denn er ist sportlich, unterhaltsam, kommunikativ und man kann Pferde mit ihm stehlen. Der Schütze kann begeistern und sein Idealismus kann einer Beziehung Sinn und Bewegung verleihen.

Der Schütze und die anderen

Schütze und **Widder** gehören zum gleichen Element (Feuer) und sind auch gut darin, etwas gemeinsam zu unternehmen. Aber da beide recht egozentrisch sind, können sich daraus Probleme durch Rechthaberei und dem Streben nach Dominanz ergeben. Beide Zeichen wollen führen und bestimmen. Dabei kann der Widder geistig vom Schützen profitieren und der Schütze kann die Treue des Widder als Vorbild zur Veränderung des eigenen Verhaltens nehmen.

Mit dem **Stier** hat der Schütze wie im Grunde alle Feuerzeichen seine Probleme, da ihm der Stier in seiner Lebensauffassung und seiner Lebensgestaltung zu eng und zu sehr auf dem Sparkurs ist. Der Schütze will immer expandieren, der Stier will seine Güter lieber zusammenhalten. Für den Schützen ist die Vision, die übertriebene Vorstellung einer möglichen Zukunft sein Lebenselixier, während der Stier sich lieber an die Realität hält. Der eine (Schütze) kann den anderen (Stier) nervös machen. Der Stier bremst den Schützen häufig in dessen Bewegungsdrang.

Der **Zwilling** ist das Oppositionszeichen zum Schützen (siehe dort).

Können **Krebs** und Schütze in einer Beziehung einen gemeinsamen Weg finden? Das kann auch deswegen schwierig werden, weil der Schütze schnelle und pragmatische Lösungen bevorzugt. Das ist etwas, was der Krebs nicht liefern kann. Auch die offene und direkte Kommunikation ist die Sache der Krebse meistens nicht. Außerdem ist der Schütze gerne und immer unterwegs und der Krebs ist am liebsten daheim. Das Problem liegt aber auch darin, dass der Krebs den Schützen auch gern zu Hause hätte. Auf die Einschränkung seiner Bewegungsfreiheit reagiert der typische Schütze allergisch. Wenn der Krebs mit dem Schützen eine Beziehung führen will, muss er aktiver in seinem Bewegungsdrang werden.

Mit dem **Löwen** kann es für den Schützen zu ähnlichen Problemen kommen wie mit dem Widder. In gemeinsamen nach vorne gerichteten Aktionen können sich beide gut ergänzen. In engen Beziehungen, insbesondere in engem Wohnraum, kann es schnell zu hitzigen Auseinandersetzungen kommen.
Der Löwe hat Probleme mit der Unbeständigkeit des Schützen. Und der Schütze hat Probleme mit dem Geltungsdrang des Löwen.

Mit der **Jungfrau** kann der Schütze darüber in Stress geraten, in welcher Weise das Leben und seine Herausforderungen angegangen werden sollen. Die Jungfrau liebt die genaue sorgfältige Untersuchung, während der Schütze sich gerne großspurig darüber hinwegsetzt. Die Jungfrau ist dem Schütze zu umständlich, zu genau und zu sehr auf Sicherung bedacht. Die Jungfrau mag es nicht, wie der Schütze über alle Vorsichtsmaßnahmen hinweggeht und einfach „sein Ding macht".
Der Schütze kann von der Jungfrau mehr Sorgfalt lernen

und die Jungfrau vom Schützen, auch einmal loszulassen und spontan zu sein.

Die **Waage** liegt dem Schützen. Sie ist genauso wie er mehr auf das Außen fixiert, ist gern mit anderen Menschen zusammen und liebt die Kommunikation. Die Waage ist sicherlich auch dazu in der Lage das Geltungsstreben und die Rechthaberei des Schützen zu ertragen. Im besten Fall bringen Schütze und Waage Sinn und Schönheit zusammen.

Skorpion und Schütze sind - wie meistens bei nebeneinander liegenden Tierkreiszeichen - einander fremd. Der Schütze richtet seine Energie großzügig und verschwenderisch nach Außen, während der Skorpion nach innen gerichtet ist.
Der Skorpion wird sich beim Schützen damit schwer tun, diesen zu manipulieren, denn die Schützen machen doch eher, was sie wollen. Die offene Art des Schützen trifft auf den verschlossenen Skorpion. Dieser kann den Optimismus und Idealismus des Schützen nicht wirklich teilen. Beide Zeichen müssen sich demnach aufeinander zu bewegen, wenn sie eine Beziehung miteinander führen wollen.

Ähnlich fremd wie Schütze und Skorpion sind sich auch

Schütze und **Steinbock**. Dem Steinbock geht es um grundsolide Planung, während der Schütze gern seinen Impulsen folgt. Der Steinbock kann Situationen aussitzen, während der Schütze sich tatsächlich und auch im übertragenen Sinn bewegen muss. Nur mit großer beidseitiger Reife können Steinbock und Schütze eine für alle gewinnende Beziehung miteinander führen.

Zumeist werden aber die Unterschiede überwiegen. Die aus Sicht des Steinbocks großspurige Art des Schützen, Räume einzunehmen, widerspricht dem Ideal der Beschränkung des Steinbocks.

Wassermann und Schütze sind beide idealistisch und richten ihre Aufmerksamkeit gern und häufig nach Außen. Beide Zeichen sind kommunikativ und gehen aktiv Verbindungen mit anderen Menschen ein.

Eine Beziehung zwischen Wassermann und Schütze funktioniert eher in der Außenwelt als Zuhause. Beide müssen sich bemühen, ehrlich und konsequent miteinander zu sprechen, damit sie ihre jeweiligen Pläne und Vorhaben abstimmen können. Sowohl der Wassermann wie auch der Schütze sollten im Sinn ihrer seelischen Entwicklung Interesse daran entwickeln, auch ihre Gefühle mit einzubringen.

Schütze und **Fische** sind ja buchstäblich wie Feuer und Wasser. Der Fisch kann mit seiner passiven Art den

Schützen zum Wahnsinn treiben. Der Schütze wird die Beziehung meist dominieren.

Auch bei dieser Paarung gilt, dass bei entsprechender Reife beider Partner die Beziehung zwischen ihnen sehr wohl funktionieren kann. Vor allem dann, wenn der Schütze seine Egozentrik überwunden hat und sich höher geordneten Zielen zuwendet und wenn er sich darum bemüht, auch seine Gefühle wahrzunehmen.

Steinbock

Der Steinbock allgemein

Nicht wenige Menschen behaupten, dass sie nie wieder eine Beziehung mit einem Steinbock eingehen würden. Andere sagen dagegen „einmal einen Steinbock immer einen Steinbock". Woran kann es liegen, dass wir solch unterschiedliche Bewertungen eines Zeichens bekommen?

Das liegt vor allem daran, dass auf unterschiedliche Eigenschaften Wert gelegt wird. Die Verschlossenheit des Steinbocks und seine Schwierigkeit, seine durchaus vorhandenen Gefühle zu zeigen, sowie seine trockene Art stoßen manche Leute ab. Dagegen ziehen seine Tugenden wie Verlässlichkeit, Treue und Pünktlichkeit, sowie seine Fähigkeit, in der Gesellschaft fast immer seinen Weg zu machen, andere wieder an.
Vor allem Menschen mit starken Sicherheitsbedürfnissen wie auch solche, die bewusst oder unbewusst nach Strukturen verlangen, fühlen sich zu vom Steinbock betonten Menschen hingezogen.

Steinböcke haben es nicht leicht mit ihren Gefühlen. Vor allem fällt es dem typischen Steinbock schwer, seine Gefühle zu zeigen. Hier ist er unbeholfen und angreifbar und dies ist für jemanden, der stark und souverän wirken will, sehr schwierig. Beziehungen können dem Steinbock helfen, im Umgang mit Gefühlen sicherer zu werden. Wer als Partner eines Steinbocks sich die Mühe macht, sich wirklich in ihn hineinzudenken oder hinein zu fühlen, wird mit lebenslanger Treue und echter Partnerschaft belohnt.

Der Steinbock und die anderen

Steinbock und **Widder** gehören beide zu den Gehörnten und können dementsprechend aneinander geraten. Beide Zeichen meinen genau zu wissen, wie eine Sache anzupacken ist. Der Widder macht es mit Dynamik und Initiative, der Steinbock mit Überlegung und Planung.
Der Aktionismus des Widder überfährt den Steinbock und die strukturierte Planung des Steinbocks erstickt den Widder. Der Steinbock kann mehr Spontanität vom Widder lernen und dieser vom Steinbock, dass ein wenig Planung durchaus positive Ergebnisse zeigen kann.

Auch das nächste Paar, Steinbock und **Stier** sind eine der gehörnten Verbindungen. Diese Beziehung gilt als ein sehr gute, aber es gilt zu bedenken, dass wenn beide Partner sehr sparsam sind, einer von beiden sich überwinden muss, Geld oder anderes auszugeben. Für den Steinbock ist der Stier zu sinnenfreudig und zu sehr am Lebensgenuss interessiert. Seine Beständigkeit und Treue lässt aber eine einmal eingegangene Beziehung lange anhalten. So können sich beide nur schwer wieder lösen, so dass es für eine eingegangene Beziehung für Stier und Steinbock schwer wird, diese zu beenden.

Mit den **Zwillingen** hat der Steinbock seine Schwierigkeiten, denn die Flatterhaftigkeit und das zerstreuende Interesse an allem und jedem, was den Zwillingen zu eigen ist, macht den Steinbock nervös. Dieser wiederum ist dem Zwilling zu ernst, zu sehr auf seine Arbeit/Aufgabe ausgerichtet und von daher zu wenig spontan. Der Zwilling hat beim Steinbock auch Probleme damit, dass dieser sich so wenig äußert.

Die grundsätzliche Tendenz des Zwillings ist die Zerstreuung, die des Steinbocks die der Konzentration. Das sind entgegengesetzte Tendenzen, die sich nur schwer miteinander vereinbaren lassen.

Der **Krebs** ist das Oppositionszeichen des Steinbocks (siehe dort).

Steinbock und **Löwe** sind beides Zeichen, die gerne Macht haben und diese auch ausüben. Von daher sind hier bereits Konflikte vorgezeichnet. Auch wird der typische Löwe sehr viel Aufmerksamkeit fordern und er entscheidet gern gefühlsmäßig. Das alles ist nicht das Terrain des Steinbocks.

Der Löwe liebt das Leben, während es für den Steinbock häufig Anstrengung bedeutet. So kann der Steinbock vom Löwen lernen, auch die positiven Seiten des Lebens mehr zu beachten und der Löwe lernt vom Steinbock, dass manchmal auch Anstrengungen nötig sind, um ein Ziel zu erreichen.

Mit der **Jungfrau** kommt der Steinbock meistens gut zurecht. Beide sind mehr auf praktische Belange ausgerichtet. Da die Jungfrau besser mit dem Körper und der Steinbock besser mit den gesellschaftlichen Belangen zurecht kommt, können beide sehr voneinander profitieren.

Der Steinbock kann es bei der Jungfrau sehr genießen, auch einmal gelassen zu werden. Die Jungfrau bewundert die Funktionalität des Steinbocks.

Waage und Steinbock sind beide kardinal und möchten daher gern die Richtung angeben. Der Steinbock begründet diesen Anspruch durch seine Autorität, die er in sich selbst findet. Die Waage nutzt ihre Beziehungen, um sich in ihrer Richtung bestätigen zu lassen. Diese polar entgegengesetzten Ansätze machen es in vielen

Situationen für Waage und Steinbock miteinander schwierig. Wenn sich die Waage auf den Steinbock einstellt und seine Launen zu nehmen weiß, kann allerdings auch diese Verbindung funktionieren.

Die Waage hält es nur dann mit dem Steinbock aus, wenn dieser sich dazu durchringt, mehr Kontakte in sein Leben zu lassen und mehr mit seinem Partner zu kommunizieren.

Skorpion und Steinbock sind verwandte Seelen. Beide sind sie viel mit sich selber beschäftigt und durchleben ihre ganz eigenen Krisen. Probleme können dann entstehen, wenn es darum geht, Einfluss auf ihre Umgebung auszuüben. Denn das ist beiden Zeichen wichtig. Damit kann es zu Machtproben aller Art kommen. Vielleicht ist im Tierkreis nur der Steinbock in der Lage den Skorpion zu bändigen.

Ein Problem zwischen beiden Zeichen kann auch dadurch entstehen, dass der Steinbock sich nur ungern seinen Gefühlen zuwendet und obwohl er auf eine erdhafte Weise sexuell ist, nicht gern die Kontrolle aufgibt und sich daher nicht unbedingt seiner Leidenschaft und seinen Trieben hingibt.

Schütze und Steinbock folgen im Tierkreis aufeinander, haben demnach eine ganz andere Ausrichtung. Schütze symbolisiert die Bewegung, Steinbock den Stillstand.

Der Schütze überbetont gern seine Persönlichkeit, während der Steinbock diese negiert. Daher verstehen beide sich nicht unbedingt, könnten aber sehr voneinander profitieren, wenn es ihnen gelingt, aufeinander zuzugehen.

Wassermann und Steinbock sind nach altem Verständnis beide von Saturn beherrscht. Außerdem sind beides Zeichen des Winters und von überpersönlicher Natur. Damit hören die Gemeinsamkeiten aber auch schon auf. Der Wassermann ist dem Neuen und der Zukunft zugewandt, der Steinbock gilt als konservativ und eher auf die Vergangenheit bezogen. Der Wassermann will Regeln, Gesetze und Strukturen reformieren oder sogar ganz auflösen. Das steht im exakten Gegensatz zum Steinbock. In der Politik beispielsweise ist der Wassermann für Reformen und der Steinbock dafür, Bewährtes zu erhalten.

Fische und Steinbock können sich sehr gut ergänzen. Die Fähigkeit zur Hingabe der Fische in Verbindung zu ihrer sehr emotionalen Natur passt gut zur eher rationalen und kühlen Art des Steinbocks. Dieser kann dem Fisch helfen in mehr lebenspraktischen Dingen und der Alltagsbewältigung. Den Fischen tut es gut, mehr Erdung und Struktur zu erfahren, ebenso profitiert der Steinbock von den Gefühlsqualitäten der Fische.

Wassermann

Der Wassermann allgemein

Sind vom Wassermann betonte Menschen überhaupt geeignet enge Beziehungen zu führen? Der Wassermann gehört zu den am schwersten zu verstehenden Zeichen, weil er in sich starke Gegensätze vereint. Diese innere Gegensätzlichkeit zeigt sich auch in seinen Beziehungen. So ist es durchaus möglich, dass der Wassermann plötzlich das Gegenteil behauptet von dem, was er vor kurzem noch vertreten hat.

Besonders schwierig ist ein solches Verhalten für diejenigen Zeichen, die eher auf Konstanz, Berechenbarkeit und Logik setzen wie der Steinbock, der Krebs, der Stier, der Löwe und der Skorpion.

Daraus dürfen wir nicht deuten, dass der Wassermann unstet ist, denn als festes Zeichen der Luft tritt er ein für die Wahrheit und er ist in seinen Gefühlen treu und ergeben, aber da er seinen Gefühlen nicht all zu sehr zugewandt ist, ist er mit ihnen nicht besonders vertraut. Der Wassermann ist in einer Beziehung nicht besonders romantisch und leidenschaftlich.

Der Wassermann braucht sehr viel Freiraum und er ist immer bereit jede Form zu durchbrechen, die ihm zu eng wird. Damit ist es oft sehr schwierig feste Strukturen in einer Beziehung mit einem Wassermann auf Dauer zu etablieren. Als Partner eines Wassermanns brauchen wir demnach eine gewissen Menge an Flexibilität.

Andererseits haben Wassermänner keine Standesdünkel und sie sind wirklich tolerant. Wenn wir selber ein Mensch mit etwas wunderlichen Eigenschaften sind, so ist der Wassermann vielleicht ein idealer Partner für uns.

Der Wassermann kommt mit allen aus und aufgrund seiner exzentrischen Art und seiner komplexen Persönlichkeitsstruktur auch mit keinem.

Der Wassermann und die anderen

Mit dem **Widder** verbindet den Wassermann das Unorthodoxe. Aber der Widder ist ihm andererseits zu fordernd und zu bestimmend. In seinen Aktionen bezieht der Widder den Wassermann wie selbstverständlich mit ein und verfügt im gegebenen Fall auch über dessen Ressourcen und das kann dieser nicht zulassen.

Der Widder ist meistens gradlinig, während der Wassermann komplex und versponnen ist. Was dem einen zu schwierig ist, erscheint dem anderen zu einfach. Trotzdem ist es vielleicht gerade der Widder, der mit seiner Gradlinigkeit den Wassermann zu nehmen weiß.

Der **Stier** kann den Wassermann stärker und anders auf die Nerven gehen als es beispielsweise der Widder kann. Der Stier hat klare Vorstellungen und konkrete Forderungen. Darauf reagiert der Wassermann absolut allergisch und schaltet auf stur.

Jede Absicherung des Stier wird vom Wassermann als Freiheitsbeschränkung empfunden. Auch im Bereich der Kommunikation kann es zu Missverständnissen kommen.

Der Wassermann mutiert aus der Form, jegliche Formgebung erfindet er als Einschränkung, während gerade diese dem Stier seine Sicherheit geben.

Mit dem **Zwilling** kommt der Wassermann gut klar. Beides sind Luftzeichen, lieben die Kommunikation und den Wechsel. Die vielseitigen und unterschiedlichen Interessen beider Zeichen bringen es mit sich, dass sie sich zeitweilig kaum begegnen, was einer Beziehung natürlich nicht gut tut. Beiden Zeichen fehlt die Erdung. So wird es in dieser Paarung viele Ideen geben, aber unter Umständen werden nur wenige davon umgesetzt.

Dem **Krebs** geht es um die Bindung, damit er, auf dieser aufbauend, ein Zuhause und eine Familie errichten kann. Der Krebs arbeitet also an einer festen Form. Der Wassermann hat die Tendenz jegliche Form zu durchbrechen. So können Krebs und Wassermann große Probleme miteinander bekommen. Ein weiterer Unterschied besteht darin, dass der Krebs hauptsächlich gefühlsorientiert ist, während der Wassermann mit dem Verstand arbeitet und mit Gefühlen nicht so viel im Sinn hat.

Was für den Krebs seine Familie ist, ist für den Wassermann die geistige Bruderschaft. Der Krebs muss lernen den Wassermann mit dessen Bezugsgruppe zu teilen.

Dem Wassermann sind die Anliegen des Krebs zu eng und zu konventionell. Der Krebs bekommt beim Wassermann nicht die Form der emotionalen Sicherheit, die dieser verlangt.

Der **Löwe** ist das Oppositionszeichen zum Wassernann (siehe dort).

Ähnlich wie mit dem Krebs kann der Wassermann auch mit der **Jungfrau** Probleme bekommen. Die Jungfrau ist mehr nach Innen gerichtet und auf nützliche Dinge und Verfahren spezialisiert. Das für sie häufig unlogische Verhalten des Wassermanns macht die Jungfrau nervös.

Den Wassermann interessieren auch Projekte, die nicht sofort Gewinn oder Nutzen nach sich ziehen. Da kann die Jungfrau lernen, auch einmal etwas aus Idealismus zu tun, während der Wassermann von der Jungfrau lernen könnte, auch praktische Erwägungen zuzulassen.

Mit der **Waage** ist es für den Wassermann ähnlich wie mit den Zwillingen. Auf der kommunikativen Ebene begegnen sie sich und Kontakte in die Außenwelt werden aktiv betrieben. Die Unterschiede bestehen darin, dass die Waage auf das Du geeicht ist, während es der Wassermann nicht liebt, so persönlich gemeint zu sein. Diese Verbindung erscheint im beruflichen oder im freundschaftlichen Bereich günstiger zu sein.

Skorpion und Wassermann gehören zu den eher schwierigen Beziehungen im Tierkreis. Der Skorpion will Bindung und Ausschließlichkeit, um Intensität in den Gefühlen und in der Sexualität leben zu können. Der Wassermann will sich gar nicht so tief einlassen, hält die Menschen und seine Beziehungen eher auf Abstand, um seine Freiheit zu bewahren.
Der Skorpion ist auf Gefühle und Emotionen ausgerichtet, der Wassermann ist in den Bereichen des Geistes zu Hause. Der eine (Wassermann) will nach oben, den anderen (Skorpion) zieht es mehr nach unten.

Schütze und Wassermann sind sich da weitaus ähnlicher als es Skorpion und Wassermann sind. Beide sind für Aktivitäten auch unter Einbeziehung anderer Menschen zu haben. Beide Zeichen philosophieren gerne und sind kommunikativ. Vielleicht ist dem Wassermann der Schütze eine Spur zu dominant und er fühlt sich dadurch in seiner Freiheit bereits beschnitten. Geistig können sowohl der Wassermann wie auch der Schütze voneinander profitieren. Allerdings mag der Schütze keine Kritik an seiner Person und das kann kein echter Wassermann garantieren, denn dieser findet „immer ein Haar in der Suppe".

Mit dem **Steinbock** hat der Wassermann zwar vieles gemeinsam, aber der Steinbock ist ihm dann doch zu besitzergreifend, zu trocken, zu zäh, zu beharrlich und vor allem auch zu unzugänglich. Beide Zeichen können aber, wenn es um übergeordnete Dinge geht, hervorragend zusammenarbeiten.

Das Prinzip des Steinbocks ist es, sich auf das Wesentliche zu beschränken. Der Wassermann schöpft gern aus der Vielzahl der Möglichkeiten. Was der eine als mögliche Verschwendung ansieht (Steinbock), ist für den anderen unnötige Enge und Sparsamkeit (Wassermann). Zusammen mit den Fischen bilden Steinbock und Wassermann die überpersönlichen Zeichen

Fische und Wassermann folgen im Tierkreis aufeinander. Sie sind die beiden letzten Zeichen. Aufgrund der damit verbundenen zunehmenden Vergeistigung kommen sie miteinander klar, obwohl sie in ihrer Auslegung doch recht unterschiedlich sind. Fische sind als Wasserzeichen sehr emotional und irrational. Wassermänner sind als Luftzeichen sehr geistig und rational im höheren Sinn. So müssen sich beide Zeichen doch stark aufeinander zu bewegen, wenn sie sich wirklich verstehen wollen.

Fische

Die Fische allgemein

Die Fische sind vielleicht das einzige unter den zwölf Tierkreiszeichen, welches grundsätzlich mit jedem anderen eine Beziehung führen kann. Das liegt daran, dass die Fische so anpassungsfähig sind und weil sie in ihrer eigenen Welt leben.

Ihr Leben in ihrer eigenen Welt ist auch der Grund dafür, warum Fische so richtig mit niemanden in Beziehung leben oder sein können.

Hier sehen wir eines der Charakteristika der Fische, sie sind lebende Gegensätze.

Der Prozess der Vereinigung der Gegensätze, der im Wassermann statt fand, ist in den Fischen beendet. Sie leben nur zum Teil in unserer Welt, so dass ein Teil von ihnen im Jenseits, im Jenseitigen, in einer spirituellen Welt zu Hause ist. Zu diesem Teil hat der Partner eines Fische Geborenen nicht unbedingt Zugang, so dass hier das Gefühl entstehen kann, dass der Fisch gar nicht ganz in der Beziehung ist. Dies kann naturgemäß Frustration oder andere negative Gefühle im Partner auslösen. Dieser hätte allerdings die Möglichkeit durch seinen durch die Fische geprägten Partner genau diese andere Welt einmal kennen zu lernen.

Dies ist wiederum einer der Gründe, warum Fische in Beziehungen oder besser gesagt für ihre Beziehungen

Partner anziehen, welche als gestört, verrückt oder drogensüchtig gelten oder sonst wie ein Sozialfall sind. Solche Menschen sind häufig auf der freiwilligen oder unfreiwilligen Suche nach einer anderen Welt irgendwo hängen geblieben. Das sprichwörtliche Mitgefühl der Fische Geborenen spürt solche Menschen auf, vor allem auch, weil der Fisch selber eine Affinität zu diesen Welten hat.

Diese stark irrationale Seite können tatsächlich die beiden anderen Wasserzeichen Krebs und vor allem der Skorpion sehr gut verstehen.

Der Mensch, der mit der Sonne im Jahresverlauf im so genannten Zeichen Fische geboren worden ist, kommt in einer Zeit zur Welt, in der nun der Winter enden soll und der Frühling herbeigesehnt wird.

Es ist aber so, dass der Winter nicht wirklich noch da ist, dass er aber auch noch nicht richtig weg ist. Ebenso der Frühling, dieser ist noch nicht da, aber er ist auch nicht mehr weit weg. Dieses Dilemma und die damit verbundene Aufgabe, den Weg frei zu machen für etwas grundsätzlich Neues, wie es der Frühling symbolisiert, beschreibt den Charakter der Fische recht gut.

Die Fische und die anderen

So kann auch der Konflikt zwischen Fische und **Widder** beschrieben werden. Der Widder will das Neue und die Fische hängen oft am Alten. Der Widder bestimmt seinen Weg gern selber, während die Fische die Dinge geschehen lassen. Wie bei allen eher schwierigen Verbindungen können beide voneinander profitieren, wenn sie sich auf die jeweils andere Lebensweise einlassen. Wobei dies beim Widder eher unwahrscheinlich ist.

Fische und **Stier** können eine gute Paarung sein. Allerdings sind beide häufig sehr passiv, da kann dann schon mal das Feuer fehlen. Ansonsten kann ein Fisch die Sicherheit und Gemütlichkeit und Sinnlichkeit gut genießen, die der Stier in sein Leben bringt. Für den Stier ergibt sich die Schwierigkeit, dass dieser den Fisch nicht wirklich fassen kann. So bleibt im Zusammenleben mit dem Fisch für den Stier immer eine Form der Unsicherheit bestehen.

In ihren Empfindungen liegen die Fische und die Zwillinge weit auseinander. Der **Zwilling** denkt, der Fisch empfindet. Da beide Zeichen recht anpassungsfähig sind, können sie auch miteinander auskommen. Helfen kann ihnen manchmal ein Vermittler, der beide Formen an die Welt heranzugehen kennt.

Der Fisch findet es unnötig, alle Dinge zu beschreiben und ihnen Namen zu geben. Das ist aber etwas, was der Zwilling braucht, um die Dinge unterscheiden zu können. So kann es in Auseinandersetzungen dazu kommen, dass es der Fisch unnötig findet, bestimmte Dinge ausführlich zu besprechen, was aber wesentlich ist für den Zwilling, um die Dinge wirklich richtig einordnen zu können.

Mit dem **Krebs** verbindet die Fische dagegen die gleiche Art und Weise das Leben zu begreifen. Das kann natürlich ein Zusammensein erleichtern. Allerdings hat der Krebs als kardinales Zeichen einen starken Willen, er will etwas geschehen lassen, während die Fische doch oft recht ziellos sind.
Den Krebs kann es auf Dauer schon stören, dass die Fische nicht so recht bereit sind, wirklich Verantwortung zu übernehmen. So kann beim Krebs das Gefühl entstehen, für alle wichtigen Dinge des alltäglichen Lebens allein zuständig zu sein.

Fische und **Löwe** sind recht unterschiedlich und können aneinander vorbei leben. Wenn der Löwe egal ob männlich oder weiblich in der Beziehung führt, kann es mit dieser Paarung funktionieren. Nur will der Löwe als Person auch gemeint sein, während die Fische oft recht gleichgültig sind. Sie entwickeln eher Mitgefühl als bewundernde Anhaftung. Damit wird sich ein echter Löwe nicht zufrieden geben.

Jungfrau ist das Oppositionszeichen der Fische (siehe dort).

Die Verbindung zur **Waage** kann für den Fisch gut funktionieren. Beide können aber auch extrem unterschiedliche Auffassungen vom Leben haben. Die Waage bespricht gern alles mit ihrem Partner, während der Fisch oft auch in seinen Beziehungen ein eigenes Leben führt. Für den Fisch ist eine typische Waage vielleicht ein wenig zu kommunikativ, zu kontaktfreudig und zu oberflächlich.

Da funktioniert für den Fisch das Zusammenleben mit dem **Skorpion** unter Umständen sehr viel besser als mit der Waage. Beides sind Wasserzeichen, von Gefühlen bestimmt und abgründig. Eventuell ist der Skorpion dem Fisch zu besessen, zu leidenschaftlich, zu extrem. Auf der anderen Seite ist der Fisch dem Skorpion zu seicht und zu wenig interessiert an seinem Innenleben.

Schütze und Fische können so sein wie Feuer und Wasser. Der Schütze ist extrovertiert, der Fisch eher introvertiert. Die Fische können gut alles verschweigen, während die Schützen gut über alles reden können. Die Fische sind eher träge, während die Schützen immer in Bewegung sind. Beide Zeichen können viel voneinander lernen, wenn sie über ihren Schatten springen und den anderen wirklich sehen lernen.

Steinbock und Fisch können sich gut ergänzen und sich gegenseitig viel geben. Der Steinbock will bestimmen und vielleicht ist er dem Fisch zu streng und zu sehr auf Regeln ausgelegt. Zu selten zeigt der Steinbock seine Gefühle. Und der Steinbock hat es nicht immer leicht mit der Irrationalität der Fische. Und trotzdem erweist sich die Verbindung von Steinbock und Fische als gute Paarung, denn die Fische profitieren von der Ordnung des Steinbocks und dieser von der Emotionalität des Fisches.

Wassermann und Fische sind die letzten Zeichen im Tierkreis und ihre Ausrichtung ist jeweils eine andere. Diese Verschiedenheit macht eine Beziehung zwischen beiden nicht gerade leicht. Den Wassermann zieht es immer nach draußen, er sprengt jede Form, und zu tiefe Gefühle sind ihm eher unheimlich. Der Fisch hält zwar nicht unbedingt fest, er möchte aber seine Gefühle mit seinem Partner teilen. Als weiterer Unterschied zeigt sich, dass die Weise an das Leben heranzugehen für die

Fische und den Wassermann doch sehr unterschiedlich ist.

Fazit

Nun sind alle 144 Möglichkeiten beschrieben, wie die zwölf Zeichen des Tierkreises zueinander in Beziehung stehen können. Wie bereits gesagt, sollten wir diese Beschreibungen nicht nur auf die Verbindung von einem Menschen zum anderen anwenden, sondern auch als Möglichkeit erkennen, die Wechselwirkungen der Planeten in einem Horoskop zu betrachten.

Literaturverzeichnis

Weitere Literatur zur Astrologie und zur Spiritualität finden sich auf meiner website http://www.giesow.de

hier nun meine weiteren Titel:

Giesow, Norbert:

„Astrologie und Spiritualität", Arche Noah Verlag (Michaelis Verlag) 2003
„Astrologie und Beziehungen", Arche Noah Verlag (Michaelis Verlag 2005)
„Astrologie und der Altersfaktor", BOD 2005
„Astrologie und der Tod", astronova Verlag (Direktvertrieb) 2005
„Lana, Bhagwan und der Rest" (Roman), BOD 2006
„Astrologie und Buddhismus", astronova Verlag (Direktvertrieb) 2008